U0074363

心一堂彭措佛緣叢書・索達吉堪布仁波切譯著文集

藏密素食觀
附　紅塵中的佛光等

索達吉堪布仁波切　　著

Śūnyatā

書名：藏密素食觀　附　紅塵中的佛光等
系列：心一堂彭措佛緣叢書 • 索達吉堪布仁波切譯著文集
原著：索達吉堪布仁波切
責任編輯：陳劍聰

出版：心一堂有限公司
地址/門市：香港九龍尖沙咀東麼地道六十三號好時中心LG六十一室
電話號碼：+852-6715-0840　+852-3466-1112
網址：www.sunyata.cc　publish.sunyata.cc
電郵：sunyatabook@gmail.com
心一堂 彭措佛緣叢書論壇：　http://bbs.sunyata.cc
心一堂 彭措佛緣閣：　　　　http://buddhism.sunyata.cc
網上書店：　　　　　　　　http://book.sunyata.cc

香港及海外發行：香港聯合書刊物流有限公司
地址：香港新界大埔汀麗路三十六號中華商務印刷大廈三樓
電話號碼：+852-2150-2100
傳真號碼：+852-2407-3062
電郵：info@suplogistics.com.hk

台灣發行：秀威資訊科技股份有限公司
地址：台灣台北市內湖區瑞光路七十六巷六十五號一樓
電話號碼：+886-2-2796-3638
傳真號碼：+886-2-2796-1377
網絡書店：www.bodbooks.com.tw
台灣讀者服務中心：國家書店
地址：台灣台北市中山區松江路二〇九號一樓
電話號碼：+886-2-2518-0207
傳真號碼：+886-2-2518-0778
網絡網址：http://www.govbooks.com.tw/

中國大陸發行 • 零售：心一堂 • 彭措佛緣閣
深圳地址：中國深圳羅湖立新路六號東門博雅負一層零零八號
電話號碼：+86-755-8222-4934
北京流通處：中國北京東城區雍和宮大街四十號
心一店淘寶網：http://sunyatacc.taobao.com/

版次：二零一五年十月初版，平裝

定價：　港幣　　　八十八元正
　　　　新台幣　　三百四十八元正

國際書號 ISBN 978-988-8316-44-1

目　　錄

藏密素食觀　附　紅塵中的佛光等

目錄

藏密素食觀

索達吉堪布　著

> 無數劫中為眾生，布施身肉無量次，
> 三界怙主釋迦佛，恭敬頂禮祈加持。
> 諸佛悲集觀世音，祈請垂念濁世眾，
> 仿佛地獄現人間，砍割慘叫震寰宇。

　　開篇首先以誠敬心頂禮、祈禱釋迦牟尼佛與觀世音菩薩。

　　放眼當今世界，人們一定會悲哀地發現，曾經以為必然會到來的和平與繁榮並未如願以償地降臨人間，相反，太多太多的苦難與悲劇正在全球各地輪番上演：大大小小的局部戰爭在世人眼前彌漫起永遠不散的硝煙；此起彼伏的瘟疫、飢饉橫掃東西南北的廣袤大地；與我們相依為命的動物圈與整個大自然，正被我們自己以血腥屠戮、野蠻破壞的方式一點點蠶食、消耗殆盡……在無數種令人頓感人類生存境遇之可悲、可嘆的殘缺之處中，殺生食肉這一人性的陋習在當前尤為凸顯。人們在不知不覺、習以為常的肉食習慣打磨下，漸漸將本具的道德良心、人倫規範拋置腦後，在以文雅的格調、撲鼻的調料、飲食文化的招牌、營養的需要等藉口包裹起一

堆堆眾生血肉的同時，也將人性的慈悲、光明徹底扭曲覆藏起來。

　　若從實說來，人類面臨的許多生存問題以及道德困境，其實都與殺害眾生、飲血啖肉這一生活習俗密切相關。如能戒殺茹素、廣植善根，一個理想的互相關愛、相濡以沫的生存環境也許就此可以達成；一種理想的人文環境、道德語境也許同樣可以出現在我們身邊。作為實現這種目標的努力之一，本文即主要依據藏傳佛教的有關教義，再結合現代醫學、營養學、倫理學等學科的發展實際與理論基礎，同時也參照吃素與吃肉在傳統價值領域內的衝突歷史，在這些內容的基礎上，簡略宣說食肉之過患與素食之功德，以期大眾能意識到清淨飲食對人類社會所可能及應當具有的積極、重要意義。

　　下面即真實展開正文之宣說。

藏密素食觀

　　當前，有許多自詡為密宗權威的人士，以極其輕率的口吻向公眾宣揚道：「修密法者是可以食肉的。」又或者說：「密宗並不遮止肉食。」受其影響，多有眾人，甚至包括一些儘管習密多年但仍不解藏密真義的三寶弟子，也想當然地認為修習密法完全不用戒葷茹素。流風所及，某些對佛陀教典及大德論藏聞所未聞或僅僅觸其皮毛而未能探得堂奧的上師，兼以不重視因果且私懷個人目的，竟也公開對其弟子「開示」說：食肉無甚

過失，藏傳佛教徒完全可以方便享用葷食，無需忌口。另有些名相上的所謂高僧大德，在開法會時也以血肉供養與會者……

既然師父都已如此開許，身為凡夫的眾多貪心未除的弟子當然就更是欣欣然恪遵師命了。於是，在你知我知、彼此心照不宣的默契配合下，個體口腹之欲的滿足被賦予了合法的外衣，以至於一些原本已茹素多年的漢地出家眾乃至居士，也在其「上師」「慈悲方便」之誘導下，重開殺戒、戒素茹葷起來。

究實而論，如果吃肉無有絲毫過患的話，慈悲心無可等倫的佛陀一定會在經典及教言中廣泛號召佛教徒放開肚皮、盡情享用眾生血肉。如果密宗提倡肉食的話，這種「食肉無過論」也應廣泛見於密續及各大密宗祖師的論典。但考諸佛經及續部典籍，卻很難找到符合上述條件的文字。故而我們說，不負責任地隨意贊同、隨喜、提倡、開許自他食肉，都是與佛教教義背道而馳的行為；如果再打出密宗這塊招牌，並以密法的名義大肆毀壞信眾的善根與善行，此種作為就更為正信佛弟子所不齒。

其實在《大悲觀音出輪迴根本續》中早就闡明了密宗以及一切大乘法門對這一問題的原則立場，此續中云：「若食肉，則生嗔心，且種下惡因；若飲血，則致愚癡，且種下惡緣。啖一口肉之過失，大於飲酒之過；

如若自己親自殺生，且飲一口血，則其過患大於百年食別眾所殺眾生肉之過失。此說為何？因緣所生故。所謂鮮血如親眼目睹，三界眾生亦生恐怖；如見人舐血，一切三有眾生盡皆昏厥。飲血食肉，實乃造孽之唯一主因。

若從細微處衡量，一人如若只飲酒而未造作其他惡業，其人命終後即轉生餓鬼道；若非但飲酒且造作其他惡業，命終後則墮於燒熱地獄中。食非自己親手所殺眾生之肉者，命終後將於一劫中沉陷地獄；若食親手所殺眾生之肉，或食唆使別眾所殺之眾生肉，命終後即於十萬劫中轉生地獄。若飲別眾所殺眾生之血，以緣起顯現之力，僅飲對境一口血，亦將於一劫中轉生不聞三寶名稱之地；若一生飲血不輟，必將於無數劫中長陷輪迴；若飲自己死亡之眾生血漿，其人來生將轉生旁生道七遭；若飲自己所殺眾生之血，其人命終後必墮鐵水燃燒之地；非唯飲自己所殺眾生之血，亦食自己所殺、與己身軀無別之眾生骨肉，此人命終後即於一劫中沉陷鐵水沸騰之地。若生吞生飲眾生血肉，其人七世後必墮鐵水灌口之地；如烹調後熟食，則於十世後轉生鐵水灌口之地。如是啖食眾生血肉，實可毀壞三界所有眾生。

若血肉屢次轉手，則轉手愈勤，食肉者之過失愈少。如若其間已倒手一百次，則最後之食者將於一百世後身墮惡趣；如若僅過手十次，則最後之食者即於十世後墮入地獄。餘者以此理推知。

藏密素食觀

食被殺眾生之肉，其過失大於食自己死亡之眾生肉；親手殺害一眾生，其過失大於別眾殺害一百眾生；唆使他人殺害一眾生，其過失大於自己親手殺死十眾生。

啖飲血肉可令三毒增上，依憑此類食物可引生五種煩惱。」

不過，若環顧我們的生存實際，大家一定會無奈地發現，每逢佳節慶典時，都有大量的眾生成為了某些人快樂、幸福的殉葬品，這些人總要把自己的所謂利益建立在別眾的受苦受難甚至是犧牲上。不管是婚宴，還是喪葬，抑或朋友聚會、知己相逢，餐桌上總要橫陳大量的動物屍體。這到底是人類的喜筵，還是動物們的葬禮？坦率地說，飯桌上一切被殺的亡靈，總有一天會向那些舉起屠刀、筷子的劊子手和食客發出索命的吶喊，殺生的罪業，將毫釐不爽地落在每一個參與者的頭上！短暫的酒足飯飽、瞬間的假象愉悅過後，不虛的因果會讓這些曾經的饕餮之徒們哭著、喊著面對各自的因緣果報！

就像《正念經》中說的那樣：「大地獄眾生感受熾熱之劇苦，此乃惡有惡報之定則現前。彼於數十萬年中感受如怨敵猛烈相煎般之惡果，毫無利益、價值可言，徒能忍受肢體燒焦之痛。即便萬幸從地獄中逃脫，當其慌不擇路，四處尋覓救怙主、皈依處及避難所時，適逢

遠方有狗群正歡喜踴躍、血口大張朝已處奔來。隨其騰挪跌宕，一路尚發出金剛般堅硬、刺耳、令人驚恐萬分之叫聲。狗群漸逼漸近，從地獄剛脫身之眾生目睹之後，即欲掉頭逃跑。奈何狗群蜂擁而上，頃刻就將其撲倒在地，並從後背開始啃齧、撕扯起來。從外至裡、從骨肉至筋絡，一一啃光咬淨，芥子許血肉亦未存留。眾狗即如是將此人軀體支分點滴不剩、狼吞無遺，其間耗時甚長。何以至此？此乃前生大開肉筵、殺害眾生之果報現前所致。」

藏密素食觀

《指鬘經》又云：「文殊菩薩請問曰：『諸佛乃為精藏而不食肉否？』佛陀告言：『如是，文殊。無始劫來，眾生於無始無終之輪迴中漂泊不定，其間，無有眾生未曾做過自己之生身母親，亦無有未曾成為自己之姊妹者。即今之淪落為狗之眾生，往昔亦曾做過自己之生父。世事流轉，大體如是，恰如舞者之變幻歌舞。既如此，則自身身肉應與他眾肉身無有二致，故諸如來禁絕食肉。』」

不僅《指鬘經》中如是論述，大量的佛教經典以及佛教教義都明確指出，一切眾生都曾做過自己的父母，他們在過去世時對我們所盡的父母之責，與現世的爹娘相比，實無任何差別。因此說，作為兒女，如果吃眾生肉就等於在吃父母肉，儘管這些眾生是過去世的父母，但不論過去還是現在，乃至將來，父母永遠都是兒女恭

敬孝養的對境，吃他們的肉實在是對人類道德禁忌的極大踐踏，也完全違反了人世間的所有良心軌則，更不用說此種作為簡直就與佛法教義徹底抵觸。一切信奉佛陀教言的佛教徒，怎能對之視而不見、置若罔聞？

有些人可能會替自己的吃肉行為辯解說，參禪打坐、閉關苦行、修習密法時，不吃肉營養會跟不上，身體一旦垮下來，修行何能增上？其實，不管是藏密祖師還是禪宗大德，在指導其門下弟子實修時，都不主張、讚歎弟子食肉，相反，他們倒是一致認為食肉會對參禪實修帶來很多障礙與違緣。

比如寧瑪巴一代宗師布瑪莫扎就曾在其所著的《修無念意論》中這樣說道：「瑜伽士應於一切時處遮止魚類等肉食。飯食需與行者相應，且適度。」藏地公認的觀音化身——無著論師也說過：「無始劫來，無數眾生都曾做過自己之父母親朋，如今，即便此等眾生各依自身業力自然死亡，此種景象也堪悲憫。若身為智者，反而為謀口腹之欲不惜殺生食肉，如此行事實不應理。」大菩薩菩提薩埵曾親自做過授記，後由藏人從印度迎請到藏土，且廣弘佛法於雪域的大論師蓮花戒，在《修習次第論》中亦如是闡述道：「瑜伽士何時何地都應廢棄肉食，其飯量應與行者相應，唯以適度為準。」

不僅佛教徒應大力提倡素食，就連婆羅門以及苦行者也應該遵循這一日常生活習俗，因為真理原本就該超

越一切種族及宗教界限，它理當普及到所有信仰真理者的心間。恰如著名論師蔣陽哲巴所說：「不管身為阿闍黎、在家居士，抑或婆羅門、苦行者，只要飲酒食肉，則死後必墮餓鬼道。因之父母不能給予子女酒肉，亦不能放任子女食肉醉酒。在其尚處於幼兒時期時，即應供給牛奶、酥油等無肉食品，務必令其養成素食習慣。」

如今，多有眾人以小乘佛法開許修行者食三淨肉為理由，理直氣壯地為自己的吃肉行為辯護，他們尚口口聲聲地引經據典說，釋迦牟尼佛在律藏中也未曾全面禁肉。有關戒律中對吃肉問題的開遮，下文還要專題論述，這裡只稍作闡釋，為公眾日後能全面理解、了達釋尊說法之究竟密意略為鋪墊一番。

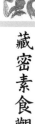

其實佛陀在《涅槃經》等經典中早就明示過，小乘教義對所謂三淨肉的開許根本就屬於方便說法，實為不了義之權宜之計。大乘行者理當徹底禁肉，如此方堪稱為行菩薩道者。在本經及其他一些了義經典中，世尊尚對當初開許食用三淨肉的情況作了詳細說明。解釋《楞伽經》的大智者加納班匝對此問題有說明道：「釋迦牟尼佛從初轉四諦法輪開始，一直到為持明者轉密宗法輪之間，其間所宣說的別解脫戒、大乘菩薩戒以及密乘戒律，其境界就像階梯一樣次第上升。為不失毀上法，大乘戒律全面遮止了聲聞乘戒條中曾經開許過的食用三淨肉等規定。雖說個別經典中未曾遮止食用十種自然死亡

之眾生血肉，但此類開許僅限於方便攝受羅剎等凶惡眾生之用，或為直接、間接利益眾生而已。嚴格說來，何時何地都應禁絕食用一切眾生血肉。」

但是，很多對來生一無所知、唯知希求今世身體健康的現代人，仍固執地認為吃肉有益健康，有益延年益壽，因此他們始終拒絕戒葷茹素。更重要的是，吃肉對大多數肉食者而言已不僅僅意味著填飽肚皮、增強體力，在很大程度上，吃肉已成為了他們的一種味覺享受與人生樂事，甚至上升為一種生活慣性與習俗。在這種前提下，讓他們斷然戒肉當然會有一定困難，因多生累劫的串習不可能一下子就輕易擺脫掉。

但這絕不應該成為貪戀肉食的原因、理由！客觀、公正地說一句，戒肉所帶來的暫時「痛苦」與「不便」，根本就不似患了絕症般的痛苦，而且這眼前的所謂「痛苦」，正是為了減輕乃至消除殺生食肉所必然帶來的來生劇苦！何況我們身邊的許多素食者已經為我們做出了榜樣——漢地的佛教徒基本上各個吃素，儘管他們信佛前也曾吃葷多年，但憑著對上師三寶的堅定信心，依教奉行、力斷葷腥以來，十年、二十年、三十年甚至大半生，他們不僅堅決斷掉了對肉食的貪戀，以致看到飯桌上的油膩就噁心、犯吐。更可貴的是，眾生平等、無緣大慈、同體大悲的情懷，也在日復一日的素食生涯中被漸漸催生了出來。而且他們的身體力行還徹底

藏密素食觀 附 紅塵中的佛光等

9

打破了肉食者的顛倒胡言——食素才真正是長命百歲的正因！靠著血腥屠戮得來的飯食，無論如何也不會成為身體的營養素。

誠如噶當派著名的堅信王子所言：「諸羅剎諦聽：若殺生食肉，必得短命之果報，來生且多墮惡趣。不唯如此，未來還將感得互相殘殺之報應——自己身肉亦會為他眾所食，此乃因果不錯亂之顯現。」「諸羅剎諦聽：依靠惡友毀壞自己之人甚多。眾生皆做過自己父母，若食其肉飲其血，死後必墮地獄。」

對出家人或在家居士來說，清淨的蔬菜等素食不僅可令自己健康長壽，更可使他人對佛法、對佛教徒生出好感，因教人食素無疑是佛教清淨世道人心的努力方向之一。特別是那些生活在物欲橫流的大城市中的芸芸眾生，看到佛教徒的清淨飲食，自然就會生出嚮往、敬慕之意。如果某些上師及其弟子，以禪定需要、閉關使然等似是而非的理由，在大庭廣眾、眾目睽睽之下公然廢棄食素的優良傳統，把自己的飲食習慣淪落到一般饕餮之徒的檔次、水平上，這只能使那些原先還對佛法抱有一絲好感、好奇的人士，迅速退失信心。此時，即就是這些食肉者擁有眾多功德善行，普通凡夫也不願對其再作更進一步的了解、認識。

古往今來的眾多事例都印證了上述觀點的正確，發生在藏地的一些公案也概莫能外。雪域的很多在家人在

藏密素食觀

見到出家人不吃葷腥後，都對其生起了強烈信心，並發願希望此傳統也能在自己的居住地弘揚開來。噶當派的兩位上師香頓、香秋桑波就是這方面的表率，他們以自身的實際行動演繹了佛教的慈悲本懷。

香頓與香秋桑波某次曾結伴前往丹吉地方，途中偶遇了一群販賣茶葉的商人，兩人便向眾商人化緣乞食，一位來自康巴地方的茶商就向兩位上師供上了一截已經風乾的動物下半身乾肉。誰料香秋桑波一見竟立刻感慨萬千地議論道：「哎呀！這是我們母親的下半身啊！看來已經放了很長時間了。做兒子的，誰敢放肆、無恥到連母親的肉都要下肚的地步呢？我們出家人如果再吃這塊肉，那就與豺狼、惡狗無有兩樣了。」言畢，香秋桑波即開始念起「嗡，更嘎呢更嘎呢」等咒語，同時滿臉呈現不悅之色。

康巴茶商頓時大驚失色，向香秋桑波頂過禮後，他收拾起乾肉，急急忙忙落荒而逃。香頓目睹了整個過程後就笑著對香秋桑波說：「你從小就擁有深具信心之父母的關愛，一直未曾目睹過城中人的惡行，加上很早就在大善知識前出家求道，後來又精進不懈地觀心修心，故現在能拒食母親身肉，此種品行實乃罕見稀有。而像我一般的年長者，已閱盡人間滄桑，什麼樣的人情世故能躲得過我們的眼目啊？……」

正感歎時，另一個康巴老年人又圍了上來，他恭

11

敬地詢問兩位上師道：「你們二位出家人是哪個教派的？」香頓回答說：「我們是噶當派的出家人。」那位康巴老人聽罷即由衷地讚歎道：「噶當派的上師確實是值得信賴的皈依處，但願康區將來也能有一所屬於噶當派的寺廟！」如其所願，據說康區後來果真就出現了噶當派的廟宇。不僅如此，不吃肉的風習也日漸在藏地風行起來。

所以我們說，身為出家人，一定要想方設法維護、保持住別人的善根與信心。在家人，特別是城市裡的在家人，他們的信心本來就很脆弱。如果出家眾，尤其是上師，行為再不檢點，連吃肉這一陋習都無法克服，那麼那些人好不容易才生發出的一點點對佛法的信心苗芽，很有可能在一瞬間就被摧毀殆盡。而戒律中早有明確規定：使在家人不生邪見是出家者最重要的職責、任務。既如此，那些雖經思前想後、輾轉反側之鬥爭過程，但仍下不了決心一生禁肉之流，不如捧著自己的肉碗，躲在一處陽光照不見的陰暗角落，自顧自偷偷吃肉算了，免得稠人廣眾之中吃肉既引生別人的邪見，又毀壞別人的善根！

雖說在佛陀制定的戒律中，並未特意規定出家人不得食一切肉，但我們必須清楚，所謂戒條乃是就普遍狀況大體歸納而言，實際上，戒律中未遮止的地方尚有很多很多。如果身為出家人，反而想方設法地鑽戒律的空

藏密素食觀

子，想盡一切辦法為自己的貪心尋找遮羞布，甚至不惜斷章取義般地歪曲戒條，此種出家眾恐怕難當續佛慧命的重任吧！

對大乘佛法稍有了解之人想必都清楚，佛陀在大量的顯密經典中都嚴格遮止了一切方式的肉食。以之比照當前的社會現實，我們會發現，儘管目前活躍在各大城市中的很多大法王、大活佛、大瑜伽士、大喇嘛、大堪布們，乃至一些尚不為人所知的小扎巴們，紛紛以各種方式，甚至包括大規模放生的方式在弘法利生，但如果他們本人尚不能戒肉斷葷的話，那麼他們所可能起到的表率及號召作用，無疑將大打折扣。

漢地的很多佛弟子，原本已食素多年，但在接觸了個別來自藏地的上師後，他們竟相繼開葷起來。用這些人自己的話來說，就是上師先吃過肉，自己馬上就可以跟進了。這種現象當前已十分普遍，其實這完全是師徒錯解佛教教義所致。弟子如果破戒、犯戒，上師加持一下，弟子的戒律就可得以清淨；或上師加持後，弟子就可以被開許觸犯、違越佛陀所制戒條，這種規定即便查遍律藏，也了無覓處。若非如是，則殺生等惡行，只要上師「加持」片刻，弟子即可以為所欲為、放膽去做，這樣一來，整個佛教的尊嚴與生命又將從何得以體現？

有些弟子在看到上師吃了第一口肉以後，自己便按捺不住，急急忙忙也把筷子伸向肉碗。他們的頭腦似乎

很簡單，自以為上師的一切行為都是自己可以不加選擇、隨意仿效的對境。嚴格說來，如果上師是一位大成就者的話，他吃肉可使被吃的眾生得到超度；而那些亦步亦趨的弟子們，修行既達不到上師的境界，食肉的果報便只有自己承當了。

也許有人會說，不是不想吃素，只是吃素面臨的實際困難太大了。對此可以回答說，即使吃素有可能碰到天大的困難，也一定要咬牙硬挺過去，因為沒有什麼東西能與眾生的生命一較輕重，故而在拯救眾生生命的過程中，一切所謂的犧牲都是值得的，克服困難的一切舉動也都是天經地義的。

我就認識這麼一位政府官員，她已吃素很多年了，每逢大小宴會，桌上擺的基本上都是葷菜。除了正餐前的幾道開胃小菜，諸如榨菜之類的鹹菜以外，她幾乎沒什麼東西可以下肚。但她卻沒有絲毫怨言，反而對那些一再勸酒勸菜的人們說：「醫生說我不能吃肉，否則會吐血，搞不好還有生命危險！那樣豈不掃了大家的興？」我認識的這位女士就這樣以方便語堅持吃素了多年，此種行為風範確實值得我們大家效仿。

若與漢地相比，印度、不丹、藏地等一些地方，在吃素這方面歷來做的都比較差，特別是在藏地的某些地區，僧人吃肉的現象依然比較普遍。這種狀況的形成是歷史習慣、地域特徵、氣候特點等多種因素共同作用的

結果，但是我相信，不論造成吃肉這一習俗之流行的原因有多麼複雜，通情達理之藏人大多不會把吃肉當成是本民族可以自傲於世人的一項光榮傳統。印度的阿茲當年在入藏後也曾目睹過部分藏人食肉的場面，他對此議論道：「雪域的修行人整體來看，無論在行為等哪方面都堪稱優秀。不過遺憾的是，個別地方仍有修行者食用肉食，這一點不能不說是一處瑕疵。」

　　我們必須清楚一個事實，即不論是出家人還是在家居士，食肉的果報都非常慘烈。著名上師蔣陽嘉措就曾說過：「萬法皆依緣起性而產生。食肉者、殺生者均因緣起力聚集現前，故最終現出食肉、殺生之果。依靠此種緣起，殺生、食肉之異熟果報決定成熟，唯大小有別爾。此說從何而來？噶當諸上師皆云：『食肉者亦有殺生之同分罪過，因大小乘均遮止故。』故云修行者理應斷除食肉之行為。」

　　如今的藏地個別地區，一些出家人，包括某些原先在漢地出家，後又來到藏地的漢族出家眾，當他們以前身為在家人時，曾染有吃牛腸、香腸等動物腸子的習慣，出家後積習難除，竟還要求家人給自己繼續郵寄、捎帶此類肉製品。真是該寄的經書法本想不起來讓人寄，不該寄的這些不清淨的食物倒源源不斷地令人寄來。殊不知食用動物腸子等食物，過失很大，《宣說因果經》中對此問題闡釋道：「食狗、豬等腸，來生墮於

糞便盈滿之地獄；食魚、捕魚，來生墮於寶劍林立之地獄。」是故信奉因果者，理當對此理審慎思維、再三權衡，務必力求早日清淨前世今生之種種垢染。

　　如今的很多僧人，出門時大多帶有種種洗臉用具，藉以洗淨肉身污穢，這在顯密戒律中都是開許並提倡的。不過對修行者而言，最重要的應該是清除心相續中的染污。阿底峽尊者就曾說過：「需淨除內在之五毒垢染，以及外在之不淨污穢，亦需淨除懈怠、平庸等垢染；平日尚需淨除食肉飲酒、啖嘗蔥蒜之垢穢。」

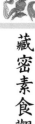

藏密素食觀

　　佛經中就有這麼一個公案，可以讓我們對飲酒食肉的過患有所認識：燃燈佛時，在一名為支恰的城市中，一對長相莊嚴的夫妻卻生下一個相貌其醜無比的兒子：此子眼睛血紅，獠牙凸出，從很小時候起就喜歡將小蟲等物撕扯成一段段後生吞進肚。待其長大成人後，又酷愛打獵、捕魚，每次圍獵時，都要盡其所能將捕獵範圍內之眾生殺光盡淨。不僅嗜殺如是，其人尚嗜酒如命。後因心臟病突發猝然離世，死後便直墮地獄。所墮地獄中有眾多猛獸爭相啖食其肉，而獄卒亦以燃燒、沸騰之鐵水澆灌其口。此人此時方痛苦不堪地承認道：「以前我食別眾身肉，現在輪到猛獸反過來吃我的肉，都因我生前血肉不斷，故現在才遭別眾啃食。當初大開殺戒時，只覺食肉爽快無比，肉香溢口，及至如今感果方知，食肉之報實在慘痛猛烈。又因我生前素貪杯中物，

故現在感得令人恐怖戰慄之獄卒時時以鐵水灌口。皆因當初隨意殘害生靈，故現今招致別眾隨心所欲地加害於我。飲酒時只覺痛快淋漓、酒香四溢，感果時方曉因果不虛、其報酷烈。」此人從地獄中暫得解脫後，又趨於餓鬼道中感受苦報。

正因為殺生食肉會感致如此嚴重的惡果，故當我們下定決心戒除葷腥後，其間不論遇到多麼大的違緣，甚至遭遇病痛折磨時，也要把吃素這一決定堅決貫徹、執行下去。作為欲界眾生，眼見新鮮血肉紛呈面前，自覺或不自覺地，其貪心就會被引發出來。此時，我們應多多觀想血肉的本來面目，多多思維食肉所可能導致的來生果報，總之，應想盡一切辦法遮止自己的食肉貪念，萬不可為貪一口之利，就將多生累劫的命運、福報棄置腦後。即就是在生病時，而且醫生也已說過，必須食用某些動物器官或骨肉以促進病體康復，我們還是不能輕率地向眾生舉起屠刀。世上的藥有萬萬千，為何一定要把別的眾生的軀體、生命拿來為我們人類充當健康的犧牲品？

佛經中還有這麼一則公案，也許可為上述觀點提供最好的注腳。

嘎達亞那尊者生病時，醫生也建議他食用一些動物血肉。但尊者卻斬釘截鐵地回絕說：「食用眾生血肉有違我佛戒律，我死也不會破戒開葷。」

藏密素食觀 附 紅塵中的佛光等

另有達隆噶舉的創始人——達隆扎西巴（1124—1210），身為藏傳佛教的一代高僧，也力主斷肉食素。這位大成就者曾依止過多位大德，當其39歲時，終在布多瓦住過的地方建起了如今的達隆寺。當他臨近圓寂時，有人建議在他所喝的湯中加入一點兒牛油，達隆扎西巴知道後就斷然拒絕道：「我一生都未曾沾過葷腥，現在已近命終，吃葷又有何用？！」他就這樣以決絕的素食態度走完了自己清淨的一生。

　　在藏地，這樣的大成就者還有很多，比如阿底峽尊者以及直貢噶舉的創始人——覺巴仁波切，在舉行薈供時都是以糖、蜂蜜來代替肉類供品，以牛奶、酸奶替代薈供所需之酒。阿闍黎譯師得知後不禁由衷讚歎道：「密宗中原本確有在薈供中使用酒肉的習俗，但有些人卻往往在薈供過後自行食用這些供品。為滿足自己的貪心，他們在壇城上擺放酒肉，舉行過相關儀式後，即以酒已被加持過為由，將之倒入很多容器中分享。結果多有人眾飲用後沉迷、陶醉，甚至發瘋，此種不明佛理之現象在眾多地區都曾出現過。」

藏密素食觀

　　若仔細推究一下，我們會發現，密宗中從未開許過以貪心行薈供的做法，而且密宗還認定這種行為有很大過失。對密宗一無所知之人，根本不懂密宗的有關戒律，倒是無師自通地創造出以血肉供養，完後自己又方便享用血肉供品這一規則！除了愚癡與貪婪，恐怕再也

找不出此種行為背後的第二點原因了。

　　吾等大師釋迦牟尼佛不僅相續潔淨無穢，為利益眾生，因地時他尚將自身血肉筋骨、頭目腦髓無數次布施過。儘管我們這些後學者口口聲聲說自己是佛陀的追隨者，但在實際行動中，非但不利益眾生，反而還要享用眾生血肉，這不是典型的心口不一、言行分裂嗎？難道這也是佛陀親口教給我們的修行準則？

　　真希望我們都能牢記阿彌陀佛的化身——仲敦巴大師所說的這句話：「本應以自身血肉行無貪布施，若反食父母血肉，此種修行人何處可尋？！生生世世都將償還命債，到時何人能無後悔之意？」怕只怕到時悔之晚矣！

　　有些修行人之所以不放棄肉食，還有一點很重要的原因，即他們認為吃素只是顯宗獨有的要求與習俗，密宗並不講究、看重吃素與否。不僅如此，他們還錯誤地以為，修學密法必須吃肉，否則根本無法獲得究竟成就。目前來看，這些觀點可謂流傳甚廣，影響面極大，因此需對之仔細觀察、探究一番。

　　在各大密續中，從未見過吃肉可使密法修煉者獲致成功這一說法。相反，眾多的密宗修法儀軌中都強調說，行者若食肉，則很難獲致成就。從下面這則基本上每個藏人都耳熟能詳的故事中，想來明眼人一定會得出有關吃肉是修行成功的保障、還是修行道路上的最大違

藏密素食觀　附　紅塵中的佛光等

緣這一問題的答案。

藏地有兩位修行人分別苦修馬頭金剛、金剛亥母的本尊修法，經過長年苦練、即將獲得最後之成功時，他們一不小心竟吞食了馬肉、豬肉，這下功虧一簣，兩人眼看就要到手的成就最終徹底泡了湯。

就一般狀況來說，藏傳佛教的所有教派，在修習生起次第及圓滿次第時，大都會將時輪金剛當作普遍修法。此時輪金剛法門實為釋迦牟尼佛臨近涅槃時，在根基相應之弟子前親口宣說的密續法要。而《時輪金剛無垢光釋》中說得明明白白：「密乘瑜伽士理應了知，世尊並未開許肉食，因血肉需賴殺害眾生而得。若無人食肉，則無人會損害眾生以供肉食，無有食肉者，何來無辜被害者？無有食肉者，殺生之屠夫又何以應世？只因食肉者眾，故殺生者方有糊口之可能。」

藏傳佛教歷史上最著名的一生成就者米拉日巴尊者也曾說過：「殺害無辜眾生僅為自己能享用其血肉，又貪愛飲酒，只為杯中物能引人沉迷、陶醉，凡此種種皆已具足墮落復活地獄之緣起。雖眼根齊備，奈何卻直墮惡趣深淵，諸人天眾生因此不能不引以為戒：即便一根刺扎入身中，其疼痛也不堪忍受，殺害眾生而食其肉，被殺者之苦痛又何堪言表？來生墮入復活地獄後，必將感受難以忍受之痛苦——渾身烈焰熊熊，其景象實乃慘不忍睹。」

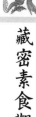

藏密素食觀

正因為因果真實不虛，故已發了菩提心者，不論漢藏，都應該將食肉的過患銘記於心。《學集論》中的這段文字，實在值得每位修行人認真體味、斟酌再三：「應以合理、適宜之藥物養護身體，不得隨意食用魚肉等肉食，因《楞伽經》等經典數數遮止故。身為具悲心之菩薩，理應禁絕一切肉食。」從培養、護持慈悲心的角度出發，宗喀巴大師的上首心子克主傑在其所著的《三戒論釋》中也這樣論述道：「發菩提心者一般不應食肉，無論在家、出家之菩薩，均應斷除葷食。故大乘比丘、沙彌及國王、大臣、長官，以及在家女眾，應一律禁絕肉食。」

透過這些大成就者的語言文字，我們可以看出，如果自己原本就是一名凡夫，食用眾生血肉後根本無法將之變為甘露，或使所食眾生得到超度，那就別盲目追隨一些聖者超凡脫俗的行為，因為因果自負，殺生食肉的果報決不會因了你跟著別人行事就將你輕易放過。所以，觀察自己的心相續才是最重要的，而密續及密宗各大祖師對吃肉問題的闡述，才是衡量自己相續的唯一準繩，也是決定自己行為方式的唯一指導思想。

其實，藏地的很多高僧大德都在其論典及實際行動中提倡並身體力行素食這一做法，只不過因雪域地處青藏高原，由於交通不便、氣候惡劣等因素的影響，高原外的人們大多半是想像、半是想當然地以為，所有生活

藏密素食觀 附 紅塵中的佛光等

於這片土地上的喇嘛各個均以肉食維持生命。這實實在在是一種誤解！只要翻開藏民族、藏傳佛教的歷史一查，相信人們馬上就會從中看到一大批恪守素食原則的歷代修行者。再對照當前藏區修行人的實際飲食狀況，你會立刻發現更多的素食者。修持藏密之人，原本就對大乘佛法推崇備至，精研經論的他們又怎麼可能忽略掉大乘教義對斷肉問題的闡述？每一個依教奉行的真正藏密行者，又怎麼可能不把佛陀對這一問題的教言落實在自己的實際修為中？不過藏地的食素乃是基於自覺自願的原則，並不似漢地那般由於梁武帝的規定而成為一種出家人必須遵守的規則。

還有人認為，不管漢傳還是藏傳佛教，律藏中都有允食肉食的開許，比如律藏中就提到過五正食的說法，即允許出家眾食用飯、麥豆飯、淨肉、麵和餅等五種食物。亦有人認為，若不許食肉的話，這和提婆達多制定的十種非食豈不淪為一談？再者說來，既然功德光等大律師都在相關律藏論典中開許過一定範圍、程度、條件下的吃肉行為，為何還要在這裡喋喋不休地大談什麼禁絕食肉呢？而且對密宗行人而言，尚有不應捨棄五肉、五甘露之說，這樣看來，單純要求素食就有些與佛教律藏的精神相違背了。

若只從佛典的表面文字入手，的確會發現很多所謂的互相矛盾之處，其實這都是佛陀為使不同根基的眾生

22

盡皆趨入佛道而採取的方便說法。不這樣理解的話，別說吃肉、吃素問題永遠不可能搞清楚，任何一個稍微複雜點兒的問題，都不可能在佛經中得到明確、究竟的答案。讓我們先來分析分析戒律中對吃肉之開遮問題的闡述：

有些大德認為小乘出家人是可以食用三淨肉的，因針對小乘根基之修行人的戒律中並未對之進行遮止的緣故，而修學菩薩乘的大乘行者則當斷絕一切葷腥，因大乘經典中嚴厲禁止飲血食肉之故。另有人認為佛陀對聲聞乘行者開許食用三淨肉也屬權宜方便之暫時規定，後來便對其進行了遮止。故而不僅菩薩道修行人應食素，聲聞乘者也不能吃葷……

面對上述種種觀點，我們認為，一般而言，完整、究竟地解釋佛經密意並不是一件容易的事，需再三衡量、全面觀察且融通顯密。儘管在小乘自宗奉為圭臬的《毗奈耶經》中有「諸比丘，我開許食三淨肉」這樣的言詞，而且縱觀小乘經典也難見不許比丘吃三淨肉的硬性條文，何況在功德光、釋迦光等大律師的相關論典中也確實找不到禁絕三淨肉的論述。但以大乘觀點言之，特別是根據《楞伽經》、《大般涅槃經》等有代表性的了義經典來看，雖說小乘諸經中未曾明言，但大乘教義則堅定地認為，佛陀對聲聞乘的開許食用三淨肉之規定完全是暫時性的，其後便全方位進行了遮止。如《楞

23

伽經》云：「大慧，我未開許任何人食眾生肉，過去如是，現在如是，將來亦如是。大慧，出家眾不得食肉。」又《大般涅槃經》亦云：「善男子，自此之後，我不開許聲聞乘行者食肉。」「所謂三淨肉乃為方便眾生次第入道而言，自此之後，一切血肉均不得食。」從這些佛經文字中我們可以看出，佛陀實際上已將原先曾對聲聞乘修行人開許過的可食三淨肉之規定完全遮止了。這一點正如《學集論》所云：「律藏中開許食三淨肉，此乃因密意所需而做之暫時規定。其後，則禁絕聲聞、緣覺食一切肉，此等戒律之學處乃如階梯一般層層深入。以往所言可食三淨肉等規則現應摒棄不顧，此後定需強調食肉必墮惡趣之說。」

由此可見，對一些甚深、複雜之問題，不應草率求解，應深入經律論三藏仔細權衡、取捨，從中找到開遮的界限並力求通達佛陀最究竟之意趣，此誠為貫通佛經密意之關鍵所在。

接下來再看一看跟提婆達多有關的公案：當年他為了出佛金剛身之身血，並破壞和合僧，且超越、勝過釋迦牟尼佛所開創之傳統，就規定出家人不許吃肉。但想來任何一個正信佛教徒都明白，提婆達多的禁止吃肉根本就不是大悲心的自然流露。對他來說，不吃肉雖是一種表面看來與發菩提心者相同的行為，但因發心的截然相反，他的這種行為實在是了無實義。由此看來，大乘教

藏密素食觀

24

義之所以規定禁絕肉食，純粹是出於大悲心想直接或間接利益眾生的緣故，這才是佛陀所制戒律的究竟密意。

至於密宗戒條中對五肉的規定，也僅適用於那些心相續中等淨無二之見解早已穩固、並已不再貪著肉食之人行持，這一點在榮索班智達的《誓言論述》中有詳細說明。若修行人達不到此種境界，則他不食用肉食亦不為過。

因此說，若想完整、正確地解釋佛經意義，必須擁有相當程度的智慧。故而那些認為學密乘者若不飲酒食肉即屬破密乘戒的觀點，完全是一派胡言，密宗任何一條戒律都未曾說過不吃肉就破了根本誓言。如只耽著於文字，勢必割裂密續上下文意；若博通顯密的話，自會明了戒律上的開遮之處實無任何自相矛盾的地方，顯現上的不同說法只是闡述問題的角度及化機不同而已。是故具有信心且具一定智慧的修行人，應深入研究顯密教典，這一點是修行獲致最後成功的重要保障。

當今時代有很多人，不僅對佛法完全無知，即便對一些所謂流傳甚廣的民間說法也缺乏相應的判斷、抉擇能力，當他們一味奉行這些根本無有絲毫道理的大眾口頭說辭時，有意無意之間就造下了來生必墮惡趣的惡因。比如很多人都認為產婦在坐月子時應該吃雞，不僅要吃，更要每天吃，還要吃烏骨雞，據說這樣對母子都有利益。如果稍懂佛法的話，就會發現這種說法純屬無

藏密素食觀 附 紅塵中的佛光等

稽之談，殺雞的果報會讓母子生生世世都深受其苦。若換一個角度，從醫學觀點出發，我們依然看不出此種做法對孕婦、產婦到底會帶來哪些利益。台灣療養醫院營養部主任就曾說過：「在美國加州羅馬琳達省，幾乎一半人口都是吃素的，他們的孕婦、產婦經過醫院體檢，未發現任何營養不良的現象……在本地，我們醫院也有許多素食家庭，其家的孕婦、產婦也都正常地產下健康的孩子。」有關吃肉對身體的不利影響，下文還要從營養學的角度進行專門論述，這裡只從佛教的角度出發，對此稍作闡釋。

若母親吃雞，將來必得在無限長的輪迴生涯中以自身身體對之進行補償，不唯自己之果報慘痛如是，對孩子同樣帶不來任何正面影響。母子倆均逃不過殺雞之報應，五百世中都將轉生為雞以償命債。

故我們都應發願：願自己生生世世也不直接或間接損害眾生；願自己生生世世都能以清淨食物度過一生；願自己永遠也不用眾生血肉維持自己的假殼肉身！

對那些不懂佛教經論的人來說，往往他們自以為如理如法的行持，實際上卻恰恰違背了佛陀的教義。比如有些弟子確實對其上師有不共的信心，為表達自己對上師的敬慕之意，他們常常要想盡一切辦法將上師迎請到飯店或家中進行供養，一般而言，他們的供品不外血肉之類的肉食。這些人認為上師一定喜歡這類供養，能讓

藏密素食觀

師父生起歡喜心，自己也可得到加持與功德。現今居住在大城市中的很多密乘弟子，都以為對密宗上師供養肉食實屬天經地義之行為，他們認為密宗本來就開許吃肉，既如此，以血肉供上師又有何不妥之處？殊不知，這種種做法、想法，都乃不懂藏密、不解佛意、不精於聞思的表現，一言以蔽之，即這些人都被愚癡徹底蒙蔽了。因此，真心希望人們都能牢牢記住華智仁波切在《普賢上師言教》中說過的這麼幾句話：

「有人自以為把上師僧眾們迎請到家中、以所殺眾生的血肉供養他們是在修善法，而實際上這種做法必將使一切施主、福田的相續都染上殺生的罪業。施主供養食物成了不清淨的供養，對於福田來說則成了邪命，這種罪業大大超過所做之善業。除了（高僧大德）殺死眾生後能立即使他們復活以外，（一般人的）相續沒有不被殺生罪業染污的，上師們（這樣做）也一定會危害他們自己的壽命或事業。因此，除非能將所殺眾生的神識超度到極樂世界，否則必須竭力斷除殺生這一惡業。」

誠如華智仁波切所言，身為弟子，千萬別在被愚癡支配的「善心」指導下去行持所謂的「善業」，這樣做的結果除了不會給自己帶來絲毫福報以外，還將嚴重毀壞其所仰慕之上師的功德事業。

近代藏地一代大成就者白瑪鄧登，就吃葷問題曾做過異常精闢的闡述。這位來自新龍的喇嘛在光明境界中

曾親見觀音菩薩，待觀音菩薩給他講過吃肉的過患後，他便發願持素，並終成虹身成就者。為了讓更多的人們都能了知藏地大德對吃肉這一問題的有代表性的看法，我從他本人的文集中摘錄譯出下面這段文字，以幫助眾人理清纏繞在這一問題上的迷思。

「心中若能觀想起殺生食肉的痛苦，無法堪忍之心悸便油然而生。嗡瑪呢唄美吽舍！至誠頂禮於空性、大悲雙運之境界中度化眾生的大慈大悲觀世音菩薩！

自己在慈心、悲心未曾成熟究竟時，一方面大吃母親血肉，另一方面又給別眾宣講因果之理，這實在是我不懂佛理，只知耽著文字的表現。我就像一個學舌之鸚鵡一般，不解佛法真義。無修無證、似乞丐一樣的我，有次在苦行修持時，正以等空自解脫生圓次第雙運法觀想觀音菩薩的當口，自身有質礙的軀體忽然隱沒，一變而為呈現光明身的觀音菩薩。仿佛升到虛空當中，此時我開始依靠自證光明境界向下方觀望，結果一下就看到了惡趣眾生正感受不可思議之種種痛苦。

復活地獄遍滿於如四大洲一般的大地之上，其中有四分之一的地方都被裸體男女所充斥。每個男女身邊都圍繞著可怕的獄卒，獄卒們長著各種飛禽走獸及家畜的頭顱，手中尚持有多種兵器。他們不停地宰割並吞食著身旁的這些男女眾生，每每切割完後，以業力所感，這些人的軀體又再度復合，於是便又開始蒙受永無止境的

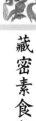

藏密素食觀

酷刑。業力未盡之前，此等眾生永無安息之可能，他們將一再被殺、一再被吃，又一再復活、一再長出新肉。

　　尤其是那些作血肉供養以及食肉者，因其過患所致，彼等不斷發出痛苦之哀號。我因自現迷亂，故能觀見他眾之迷亂相。當時我不由暗自思忖：此等痛苦該如何消除？

　　正思索之際，前方虛空中忽傳來觀音菩薩的聲音：『奇哉！與我生生世世都有善緣的善男子，具有精進力及智慧的善男子，請諦聽：你對本尊生起次第之修法業已穩固，功德之枝葉亦已開始增長。但佛法之根本乃是大慈大悲心，而你卻似乎恰恰乏少大慈大悲之意。如深具悲心，你又何敢啖食眾生血肉？食肉之過我現在向你和盤托出：

　　自己造孽自己承當，三世諸佛亦無法代替或使之斷滅。食肉者均將遠離諸功德，只具足一切過患：食肉能引生四百餘種疾病纏身、八萬魔眾常相圍繞、八萬四千種煩惱恆時現起。除了凡與之結緣之眾生均可得到超度之聖者、密宗個別行持特殊禁行之行者、以藥物製作大乘密宗聖物之人以外，任何人食肉都不會帶來芝麻許之功德。

　　食肉者……煩惱增盛、毫無利他之慈悲心，當然不可能輕易成熟菩提果位。經常吃肉之軀體不會接近智慧本尊，因之亦不可能得到加持與成就以及緣起事業，吃

肉之軀體更不會生出利他之行……食肉之果報必致食肉之人轉生地獄或成為各種飛禽、豺狼、羅剎等類眾生，如是食肉必將感致無量無邊之痛苦。

如能斷肉，則可遠離一切過患，諸非人亦會對其恭敬頂禮，而眾生則會將其視為清淨之天人。十方諸佛菩薩、上師、本尊皆雲聚其前，菩薩、勇父、勇母更是團團圍繞。戒肉者之菩提心自然而然便不斷增上，並迅速獲取菩提果。不可思議之種種功德伴隨斷肉即如是生出。』

待觀音菩薩言畢，眼前之一切景象頃刻皆變為自現光明，我也好似從光明夢境中甦醒過來一樣。此時之身心頓感痛苦、不適，恰似剛服過毒藥一般，難忍之恐怖油然而起，心不禁顫抖、惶恐起來。想到剛才目睹的復活地獄之慘痛景況，便無法施行自他相換之修法。心在苦惱、悲戚的同時，眼裡不覺流出眼淚來。

就在此刻，難忍之大悲心不由得升騰而起——為能承受他人之苦痛，為天邊無際之虛空中的一切眾生都能清淨食父母有情血肉所致的可怕罪過，我開始發出如下真實諦之誓言：

『阿吙！祈請十方諸佛菩薩垂念我，請觀照我這個顛倒因果的兒子；祈請大恩傳承上師垂念我，請觀照我這個顛倒因果的兒子；祈請大悲觀世音菩薩垂念我，請觀照我這個顛倒因果的兒子。因無明愚癡所蔽，儘管口

藏密素食觀

頭上我一直說天邊無際之眾生皆為自己父母，但實際行持中，卻一面大吃父母血肉，一面高談因果法門。以前不懂食肉有如此大之過失，並執三淨肉乃佛陀開許之理而自認為食肉無甚過患。殊不知，此戒條乃針對有能力超度一切與己有緣之眾生，且其相續未被煩惱所染、淨如蓮花一般之大德而言，對此類人來說，食肉或許屬於甚深密法之行為。但對我說來，除去應具慈悲心、菩提心以及因果無欺之外，再無更深之教言。是故為清淨食父母血肉之過患，我發願從今往後徹底禁絕一切肉食，此誓言為生生世世都不會捨棄之承諾！

即便已食用盡大地上一切眾生之血肉，然其貪心卻永無饜足之時，只會更加增上。若幾日中未曾得著粒米滴水，便會覺得以前什麼東西也未曾吃過。因此，行者理應捨棄貪婪之食魔。貪執肉食之因從何而生？唯一之因便在於我執。

其實即使偶一思維肉食，亦應噁心犯吐，因血肉乃與三十六種不淨物密切相關。任何旁生均有阿賴耶識雲聚習氣所成之苦身，故吃肉永無解脫之時。佛陀已明言酒肉皆不清淨，何人送酒肉予別人根本不能稱之為布施。因此，何人食用此增上煩惱之食物，必將於千百萬年中淪為餓鬼，終日不得飲食、徒受其苦。而人世間涼水都可被人盡情享用，除酒肉外，尚有不計其數之食物可供給飲食之用。若仍無法滿足其口腹之欲，還要恩將

藏密素食觀　附　紅塵中的佛光等

仇報、食用父母血肉，此理實在了無覓處。

　　無量劫來，無邊無際之眾生都曾做過自己生身母親，喝下的母乳，其量可等同三界大海。故應誠心誠意祈請三寶為作證明：過去因無明習氣遮蓋，於不知懺悔、不知羞恥之心態中食用父母血肉，現誠懇依止四種對治力發露懺悔，並發誓：自此以後，於心中不起稍許吃肉之念頭，若飲血食肉，請三寶予以嚴屬懲罰。同時也祈請所有護法天眾恆常觀照我，若食母親身肉，則三界中再無比我更嚴重之破誓言者。稍稍損害他眾，佛即稱之為破戒者，更何況與殺生無異之食肉？《涅槃經》、《楞伽經》等經典均云：何人食肉即等同殺生。況大小乘經典中皆已遮止肉食，對發菩提心者猶未開許。吾等本師釋迦牟尼佛往昔因地為沙雞、猛獸時，即已遮止肉食；隨順世尊之後學者，斷肉食素又何須多言？此規則乃佛陀教言，印藏諸大德亦同聲相和。

藏密素食觀

　　如是食肉有無量過患。吾等均知，與罪業不相混之法方為正法，故大眾理應行持真正與教法相應之正法。』

　　了知食肉之過患後，想起血肉就似服用毒藥一般，內心陣陣痛楚。願以此發願作為對自己之教言，故白瑪鄧登於扎嘎寂靜處造此文字。以此善根，願能清淨食用血肉所引發之罪業，並祈盼能現見千佛尊顏！」

　　下面讓我們更進一步地從多種角度、多個層次，對

吃肉、吃素的問題再作一番論述。

　　當今時代，人們大多拼盡全力想延長自己的壽命、提高自己的生活質量，不過可惜的是，他們延年益壽、增進生命質量的方式方法卻發生了嚴重的偏差——大多數渴求身強體健的人士，往往選擇殺生食肉以增強自身營養、提高自身的身體素質。其實這完全是顛倒因果的錯亂行為，是他們被愚癡與偏見徹底蒙蔽的表現。在《佛說業報差別經》中，就指出了欲得長命報所必須行持的十種正因，其中在在處處都與殺生食肉以求長命的說法針鋒相對：

　　「復有十業，能令眾生得長命報，何等為十？一者，自不殺生。二者，勸他不殺。三者，讚歎不殺。四者，見他不殺，心生歡喜。五者，見彼殺者，方便救免。六者，見死怖者，安慰其心。七者，見恐怖者，施與無畏。八者，見諸患苦，起慈愍心。九者，見諸急難，起大悲心。十者，以諸飲食，惠施眾生。以是十業，得長命報。」而《梵網經》中更是明確規定道：「若佛子，故食肉，一切肉不得食，斷大慈悲佛性種子，一切眾生見而捨去，是故一切菩薩不得食一切眾生肉。食肉得無量罪……」

　　我們不僅應從戒律的角度理解吃肉的過患，並為避免乃至消除因食肉導致的今生及來世之惡報而堅決戒殺斷肉，更要以佛子的悲心，以同體大悲、無緣大慈的更

藏密素食觀　附　紅塵中的佛光等

積極的態度，投身到關愛有情、救護父母眾生的行動中來。這一點誠如《一切智光明仙人慈心因緣不食肉經》中所言：「寧當然身破眼目，不忍行殺食眾生。諸佛所說慈悲經，彼經中說行慈者。寧破骨髓出頭腦，不忍噉肉食眾生。如佛所說食肉者，此人行慈不滿足。常受短命多病身，迷沒生死不成佛。」

對佛經一知半解之人，往往自以為在顯密經典中對食肉過患的描述並不頻繁、其措辭也絕非如描述別的非理之事時那般嚴厲、痛切，特別在密宗教義中更是對吃肉與否的問題輕描淡寫。其實，這些理解純粹是未深入經藏的表現，因顯密經論中有數不清的文字都在闡述佛教對這一問題的究竟立場與看法——那就是必須徹底、完全地禁肉！在所有的佛教經典中，嗜肉如命之徒都找不到佛陀對食肉飲血片言隻語的讚歎之處。相反，大量的教證理證都表明佛弟子遮止肉食的必要性、重要性與緊迫性。

對這一問題，《大佛頂首楞嚴經》中有異常明確的說明：「阿難！又諸世界六道眾生，其心不殺，則不隨其生死相續。汝修三昧，本出塵勞，殺心不除，塵不可出。縱有多智，禪定現前，如不斷殺，必落神道。」此經中還具體指出了這些不斷殺而修禪定、兼具所謂「多智」者的悲慘結局：上品者不過成為大力鬼，中品者則為飛行夜叉、諸鬼帥等，至於下品者則會墮落為地行羅剎等。這些鬼神各個都擁有自己的徒眾，他們竟恬不知恥

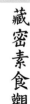

藏密素食觀

地自詡說自己已修成了無上道。於佛滅度之後，末法時代，這樣的鬼神會大量應世，且瘋狂叫囂說食肉可致菩提正道。在描繪出了末法時代群魔亂舞、正邪顛倒的可悲景象後，世尊又在此經中宣示了關於當初開許食用某些肉類的真正密意：「阿難！我令比丘食五淨肉，此肉皆我神力化生，本無命根。汝婆羅門，地多蒸濕，加以沙石，草菜不生，我以大悲，神力所加，因大慈悲，假名為肉，汝得其味。奈何如來滅度之後，食眾生肉，名為釋子。汝等當知！是食肉人，縱得心開，似三摩地，皆大羅剎，報終必沉生死苦海，非佛弟子。如是之人，相殺相吞，相食未已，云何是人得出三界？」末了，世尊又以譬喻說明道：如果不能斷殺，則修禪定者就像自己把自己的耳朵塞住一樣，他們高聲大叫，以為別人全都聽不到，這不是典型的自欺欺人又是什麼？這不是欲蓋彌彰又是什麼？「清淨比丘，及諸菩薩，於歧路行，不踏生草，況以手拔？云何大悲，取諸眾生血肉充食？」

　　又如《指鬘經·卷四》所言：「文殊師利白佛言：『世尊，因如來藏故諸佛不食肉耶？』佛言：『如是，一切眾生無始生死，生生輪轉，無非父母兄弟姊妹，猶如伎兒變易無常；自肉他肉，則是一肉，是故諸佛悉不食肉。復次文殊師利，一切眾生界我界，即是一界，所食之肉即是一肉，是故諸佛悉不食肉。』」

　　以上按藏傳佛教的觀點宣說了修行人不應食肉、應

戒葷茹素的道理，為加深讀者對這些論述的印象，下面再集中引用藏地著名大成就者夏嘎措智讓珠①《大悲書函》中的相關教言、文字，以期大眾能更清楚地理解藏傳佛教的素食觀。從而在通達顯密教義對此問題的闡述基礎上，依教奉行，以決絕的態度、堅定的志願、徹底的行為，把食素這一大乘佛教徒所當為、必為的生活準則落實到自己的日常修為中去，使所有眾生都能感受到我們身上從裡到外洋溢、發散著的真正的慈悲心。

下面，從慈悲為懷的角度闡明已經發了願行菩提心，並欲通過因乘顯宗而淨化相續，繼而修學金剛果乘妙道的人不應肆意享用父母有情血肉的原因：

《瑜伽師地論‧本地分》中引用一切眾生之怙主、本師佛陀的至理名言云：「久遠劫來，汝未生、未去、未死之處我未曾見過；久遠劫來，未曾做過汝生身父母、兄弟姐妹、阿闍黎、堪布、上師之眾生，我難以見也。」大班智達全知羅桑秋吉嘉村在他所著的《道次第樂道論》中亦云：「從未轉生過之眾生身體了無覓處，轉生過之眾生身體不可勝數。未曾做過自己母親之眾生難以尋覓，做過母親之眾生不計其數。」而《致弟子書》也說：「無有未從其腹孕育而生之眾生。」尤其是在轉生為人時，無一眾生未當過自己的母親，做過母親

①夏嘎措智讓珠：曾經雲遊過青海、拉薩、尼泊爾、岡底斯雪山等地，擁有數萬名弟子。

的眾生實乃數不勝數。此種情況正如《樂道論》所云：
「每位眾生在轉為人身時，未做過自己母親的一個也沒
有，做過母親之眾生則不計其數，且彼等仍將繼續做自
己之生身母親。」《致弟子書》中又云：「土粉摶成棗
丸數可計，作為母親邊際不可盡。」每一位有情在做母
親時，都像現世的母親一樣無微不至地關懷愛護自己，
使自己免遭無量無邊之損害。正像《樂道論》中所說：
最初懷孕時慈愛孕育；當嬰兒呱呱墜地時則將之放在柔
軟的墊子上，愛如掌上明珠，並以自己的體溫來溫暖愛
護；平日總是面帶微笑，以喜愛的目光注視嬰兒，用嘴
來吮去嬰兒的鼻涕，用手來擦拭屎尿；母親寧願自己的
生命受到危險，也不忍心讓孩子感受微不足道的病痛；
父母不顧造作罪業，他們寧願受盡折磨、忍受惡語，甚
至不惜性命，也要把辛辛苦苦賺來的食物財產滿懷慈
愛、心甘情願、毫不保留地給予兒女；他們總是竭盡全
力給子女帶來利益與快樂，使子女免遭無量的危害與痛
苦……因此說，父母實在是恩重如山。

竹巴根樂尊者②曾經說過：「為母乳汁若集海，三
界器中豈能容？」此外，其他諸經中也說：「一眾生為
母，所飲其乳汁，四大海洋量，不可相比擬。」無始以
來，曾經以大恩大德養育過自己的所有如母有情，如今

②竹巴根樂尊者：16世紀初竹巴噶舉派的一位著名喇嘛。從無定居，四方雲
遊，著有《雅言傳》和《穢語傳》行世。

正被煩惱的惡魔攪得心煩意亂，不得自在。他們瘋瘋癲癲，失去了能見增上生、決定勝道路的明目，再加上缺乏導盲引路的善知識，故每一瞬間都被惡行所驅使，從而跟跟蹌蹌地漂泊在六道輪迴，尤其是令人毛骨悚然的三惡趣深淵之中。對於這些苦難眾生，除了那些無有慚愧心的下劣之輩以外，有良知的人絕對不忍心棄之不顧。

藏密素食觀

《致弟子書》中云：「於以乳汁慈愛而哺育，含辛茹苦慈母之有情，除非下劣之徒誰願棄？」觀音菩薩的真實化身嘉瓦嘎桑嘉措在其《道歌》中這樣寫道：「對於今生入胎母，若報恩德無數世，唯利愛護諸有情，豈能捨棄我心語。」僅僅做到不捨棄還不夠，如果對孤苦伶仃的父母眾生能生起悲心，那麼想遣除父母有情的痛苦、使他們擁有安樂的渴望之心便會油然而生。如果生起了這種渴望之心，那就會自然而然地想方設法令他們趨入能離苦得樂的佛門。相反，倘若沒有生起悲憫之心，當然就會萌生對眾生置之不理的心態。如若產生這種心態，就自然不會令他們趨入能離苦得樂的佛教，這是一條顯而易見的緣起規律。因此說，是否真正饒益眾生，是否真正受持佛教，這一切關鍵取決於是否具有一顆慈悲之心。對於所有佛教徒來說，如果能暫時放下其他諸多法門而專心致志地修學佛教之根本——大慈大悲心，那麼此等人必將擁有其他一切佛法。

因此，想到這些前世曾經以大恩大德呵護過自己的一切父母有情正在遭受苦難折磨的情景，我們無論去往何處、住在哪裡，都應時時刻刻如此這般修學慈悲心：如果見到被屠夫殘忍宰殺的羊隻，被獵人及獵犬追趕的野獸，被鷂鷹捕捉的小鳥，被踩在腳下且下身粘在地上、上半身動來動去的昆蟲，患有不治之症、被折磨得死去活來的病人，缺衣少食、飢寒交迫、瀕臨絕境之人；以及聽到被石頭、木棒毆打的狗所發出的慘叫聲等；或者在心裡明觀遭受這般痛苦逼迫的所有眾生之時，都應情不自禁地暗想：這些做過自己前世父母的有情，如今竟然在感受這樣的苦果，他們實在是太可憐了！如果能使其脫離這些痛苦以及苦因，那該多麼令人高興啊！但願他們能早日擺脫一切痛苦及苦因，我亦當想方設法令他們離開所有的痛苦和苦因。應當如是觀想且修持。

班欽仁波切在其所著的《樂道論》中這樣寫道：「剛開始時對諸如正在遭屠夫宰殺的羊隻那般可憐的眾生修悲心的方法：在自己面前清清楚楚地觀想羊隻正在遭殺的場面：四肢被捆綁，胸部的皮被剝去，屠夫的手伸進牠的內臟；羊兒明知自己生命不保，但也只能眼睜睜地看著屠夫那猙獰的面孔……心裡觀想諸如此類的可憐眾生遭受痛苦的慘景，同時暗自思量：這個眾生如果能脫離這所有的痛苦以及苦因，那該多麼令人感到欣慰

啊！但願牠能早日擺脫一切痛苦及苦因，我亦當想方設法令牠離開所有的痛苦和苦因。」我們理應按照此論中所明確闡述的修法來修持悲心。當有了一定的感受體驗時，就應進一步觀想那些肆無忌憚享受僧財、破戒、捨法、持執邪見、損害有情等明目張膽、動作敏捷、作惡多端的眾生並修悲心。或者如阿底峽尊者師徒所說：一邊用自己的手捂口閉氣，一邊心中如是作意：在此世界上，有許多人竟然為了滿足自己的口腹之欲就這樣慘無人道地宰殺眾生！其實，這些遭殺的有情前世都曾做過自己的父母，他們是多麼的可憐。心裡應當如是反反覆覆地觀想以修悲心。

　　假設如此修行後，相續中仍未能生起悲憫之心，那麼就應親自到一些重病纏身的患者、被獵人捕殺的動物以及被屠夫宰割的羊隻跟前去，心裡默默地想：我的這些父母眾生實在太可憐了。如此便會自然生起大悲心。在觀修大悲心的過程中，要像失去了愛子的母親一樣，時時刻刻念念不忘一切苦難眾生。達到刻骨銘心的程度後，就應放下自己貪圖享樂的心理而冥思苦想解除眾生苦惱的方法，並為此而發願。全知無垢光尊者就曾這樣滿懷慈悲地言說道：「故當深心而觀想：願以自身與受用，三時善根令眾生，剎那離開諸痛苦。」又《中般若經》中亦云：「目睹眾生痛苦時，應當思維：但願此等眾生遠離痛苦。」鄔金蓮師仁波切也親口說過：「世界

藏密素食觀

上最慈悲的莫過於生育我們的母親，她的深恩厚德無量無邊，難以報答，因此應當對其修慈無量悲無量心。」他又說：「無解脫業輪迴長壕中，業力所逼眾生真可悲！」正像他老人家所說的那樣，我們心裡都應當如是觀想：以自己的今生父母為主，輪迴痛苦所迫的一切如母有情實在是太可憐了。如果所有眾生都能擺脫一切痛苦及苦因，那該多好啊。但願他們都能早日離苦得樂，我要盡心盡力令他們脫離諸苦及苦因。《三身精義》中也說：「六道一切諸有情，無一未做我父母，父母流轉真可憐，慈心如死獨子母，立誓救脫輪迴海。猶如母雞覆蛋雛，安置佛地之慈心，如王近斷種得子，得欣樂海之喜心，如仙人王發布施，無有親怨之捨心，為令眾得無上果，我修無上之大乘，作害反生饒益心。」第七世達賴喇嘛嘎桑嘉措尊者也情真意切地教誨我們說：「大恩養育自己諸老母，墮入恐怖輪迴苦海中，悲慘可憐情景若不思，兒子心臟徹底已腐爛。故當放下自己得樂心，深思利樂他眾之方法。」

　　如此這般思索後，應當感恩圖報，並通過四攝之權巧方便精勤饒益有情。如《樂道論》云：「以布施將一切有情攝為眷屬；通過制伏與攝受之方式說法布道為愛語；為令眾生將佛法大義付諸實踐而採取利行之方式；遵循向他眾所開示之要點，自己亦身體力行即同事。總之，我們應盡己所能，以如是利他之錦囊妙計而令所有

41

藏密素食觀　附　紅塵中的佛光等

眾生盡皆步入成熟解脫道中。」

　　總的說來，為了能普遍地利益眾生，我們必須盡心盡力、在所不惜。尤其是想到僅僅為了享受肉食之味，在中原、藏地、蒙古乃至整個世界範圍內，每年、每月甚至每一天裡都有不可計數的牛羊及飛禽走獸等眾生慘遭殺害的情景，我們必然就會斷除直接或間接有害於其他有情以及享受父母血肉等的惡業。假使依然我行我素、拒不戒肉斷葷，無窮過患就一定會緊跟著產生。關於這一點，佛陀在《楞伽經》中親口說得明白：「為求利潤殺有情，為貪肉食給財產，彼二具有罪業者，號叫等獄中受煮。何者如違佛所語，惡意而享用肉食，毀壞今生與來世，釋迦佛法之教徒，彼等罪大惡極者，墮入漫長無期獄，難忍號叫等獄中，彼等食肉者受煮。」又云：「眾生相互而啖食，生於猛獸種類中，轉生臭氣下劣者，以及精神瘋狂者。亦轉屠夫賤種者，以及染色之雇工，投生妖魔之種性，轉於食肉種性中，人類之中下劣者，生於昆蟲鼠胎中。」復云：「如是酒肉等，將成為違緣。未來之時期，食肉愚者說，食肉無有罪，此乃佛所說。」凡此種種，此處就不一一羅列。

　　一切經部中對於食肉之過失亦有詳細闡述。全知多哦巴西繞嘉村就曾經這樣說過：「戒律中對食肉沒有開許的時候，佛陀自己在戒律中也未曾開許過。有人聲稱《根本律》中有開許，其實這只是一切有部的觀點，我

藏密素食觀

們還必須同時參閱其餘四部律典。」不僅顯宗，就是密宗對食肉也未曾開許過。《時輪金剛後續》中就這樣說道：「食肉者等類確定無疑將轉生地獄中，身軀龐大，亦將轉生餓鬼界等惡趣中。」諸如此類的說明，在此《時輪金剛後續》中尚能找到多處。《初佛續》中也云：「食肉者殺者，二者均殺者。」對此，可能有人會提出這樣的疑問：那麼密宗對享用五肉等又該作何解釋呢？其實五肉是指自然死亡的肉，將不是為了吃肉而殺的五肉做成甘露丸，瑜伽士為了誓言而享受棄核許，其目的是為了增上體力、持佛慢以及超度那些眾生。除了有超度所食眾生之能力的瑜伽士以外，一般密宗行者哪能輕易吃肉。如《喜金剛》中亦云：「成就者當享肉食，將能利益彼眾生。」

此外，密宗中所說的食肉是有密意的，絕對不能從字面上直接加以理解。如《空行海續釋》中說：智慧主當食用分別念之肉。這裡的食肉其實指的就是滅盡分別念。又如文殊菩薩所言：「為能無有嗔恚心，切莫掠奪他之肉，能仁布施自之肉，此生之中汝成佛。」又云：「以財購買魚之肉，豈不為食而贖買？象力經與大雲經，涅槃經及指鬘經，以及楞伽經之中，佛陀未開許食肉。為得財物而殺生，為享肉食而付款，二者均為殺生者，號叫獄等中受煮。貪圖錢財而殺生，若無買者不會殺，所作作者相勾結，恆常宰殺眾生者，何時付款購買

43

魚，在家眾人若無罪，如是鑄造佛像等，亦怎會有福德耶？建造佛塔者所作，以及漁夫捕殺魚，頂禮佛塔非作者，吃魚並非是殺者，何時食用彼魚肉，享用者若無有罪，爾時供養彼佛塔，供養者亦無福德。殺生者與食用者，二者目的各不同，殺生之人貪財物，享用之人則為食。貪圖財物殺生者，十萬劫中受燉煮，貪愛肉食享用者，百萬劫中受燉煮。為佛教徒修行人，漁夫捕殺諸魚類，而為彼等婆羅門，賣酒之人釀造酒，他人並非無罪過。任何食用肉之人，首先轉生餓鬼界，爾後墮入號叫獄。吃肉之人無悲心，飲酒之人無喜樂，執著他人女人者，受到譴責無捨心。」

　　文殊菩薩所宣示的道理也完全包括在密宗教義裡。聞名遐邇的至尊米拉就曾說過：「所有享用血肉者，及造殺生惡業者，八熱獄中被焚燒。」赫赫有名的薩迦班智達也這樣說過：「大乘之中遮食肉，若食成為惡趣因。」至尊札巴嘉村則如是言道：「第一失去正念酒，第二喪失悲心肉，第三毀名之女人，此三行者內癌症，速以火灸法治療，如瘋子般速修法。③」頗具盛名的克主傑尊者在其所著的《三戒論釋》中這樣寫道：「由於貪執葷腥肉味而說戒律中開許食肉的這種論調，我們永遠也不會說出口；吃肉無過失的這種話，甚至在夢中也

---

③此句意謂修法時應不被他人控制，當機立斷，恰似瘋子一般。因瘋子誰的話也不聽，自由自在、天馬行空。

藏密素食觀

不能說……作為發了大乘菩提心的人，如果還無所顧忌地食葷吃肉，那將會退失自己的大悲心，並且心力也會變得軟弱，這一點通過自身感受就能知道。如果為了避免自己一見到肉就抑制不住地生起強烈的貪愛葷味之心，那麼無論是三清淨肉、不清淨肉、被殺還是自然死亡的肉，一概都不要吃，那才是令人歎為觀止的一種善舉。」對於戒肉茹素這一做法，印藏諸多大成就者都極力贊許。如果想了解這方面的詳細內容，請參閱本人所寫的《稀有幻化書》。

概括地說，吃肉的異熟果報會導致後世轉生到地獄、餓鬼、旁生這三惡趣中，於遙遙無期的漫長歲月中感受嚴寒酷暑、飢餓乾渴以及被人役使等諸種痛苦。即便僥倖轉生於善趣之中，也多是投生為短壽多病、不愛經論、種姓下賤以及染色雇工之流，免不了要遭受種種困苦折磨。此外，為了吃肉，許多人在現世中也是耗盡錢財，直落得個窮困潦倒、淪落為乞的結局，有些修行人甚至會因之而放棄聞思修並流浪街頭。並且喜好食肉之人往往貪欲增上，這樣就很容易失毀戒律；有些密宗修行人甚至會因此而錯失修法良機。還有些人由於酷愛葷食、經常吃肉，結果導致身軀臃腫肥胖，身心極度不適，嚴重的竟然不能端直而坐，而是東倒西歪，連起身時也是站立不穩、搖搖晃晃。他們經常都像老豬一樣躺臥在床上昏睡，平時則似背著沉重的包袱一樣行動不

藏密素食觀　附　紅塵中的佛光等

便、動輒就氣喘吁吁，幾乎要接近斷氣身亡的邊緣，這種人實在可以說是屢見不鮮。

食用肉類還會引發昏沉增多、睡眠增多，並致神志不清的地步。如果白天睡覺，那麼又會出現發燒等各類嚴重疾病。過量食用肉類，還要冒著肉食中毒的危險；而且一旦中毒，那麼任何藥物、任何治療都將無濟於事。想想看吧：門外的牲畜一無所剩，屋裡的財產蕩然無存、一貧如洗，自身體力亦被耗盡無餘，最後只能一無所有、淒慘萬分地離開人世！這種景象難道我們還沒有看夠嗎？

嗜食血肉葷腥的地方，善法方面的天神、護法絕不會樂於前往。相反，那些喜歡血肉惡業的鬼神卻會趨之若騖。如此一來，人們當然就會重疾縈身，而牲畜的災禍也會接連不斷地發生。凡是有血肉的地方，闌尾炎、痢疾等許多流行病就會屢屢出現，人畜橫死的現象也會時有發生，而且霜雹乾旱等自然災害亦會頻頻發難，真可謂是天災人禍此起彼伏，不祥之事頻繁降臨。

由於人們所吃的肉類都是父母眾生的血肉，故而如果大量食用，其罪障勢必會使修行人的聞思修行受到影響，以至於無法生起殊勝的覺受證悟境界，而且原有的證相也會減退。肉食還會誘發貪嗔等煩惱，使人們造殺生、盜竊等惡業。依靠肉食會使食肉者感受總的輪迴，尤其是三惡趣中種種不堪設想的劇烈痛苦。喜愛肉食的

藏密素食觀

46

人無論今生還是來世，都不會擁有幸福、快樂和名譽；相反，他們卻常常遭遇不幸、折磨以及惡言惡語的包圍。而且身為一名佛教徒，大模大樣地吃肉也實在有損於佛教的光輝形象。如今，藏地的個別地方也開始出現了屠宰場，特別是在拉薩城裡轉繞大昭寺的路上竟也冒出了肉攤，且時時傳來叫賣聲！對此，以達賴喇嘛師徒為主的三大寺的大德們應予以高度重視。當然了，如果這些屠夫是佛菩薩、上師、善知識以化身來調伏眾生，那就應該另當別論。但是話又說回來，這種度化眾生的形象、方式也確實有些不太雅觀、不太莊嚴。

從前，安多地方有個人去朝禮拉薩，沒想到在那裡會看見肉市。當他返回本鄉時，一些當地人心懷羨慕地對他說：「你真的很有福報，能夠有緣去朝拜拉薩這方淨土，你都見識到了哪些精彩場面？」那人表情複雜地回答說：「清淨剎土也有許多不清淨的東西，我就親眼目睹了許多好壞摻雜、形色不一的事。」正如此人所說，本來，遠隔千里之外的安多等地的人們都是將衛藏當成清淨剎土一般來看待，並懷著極度虔誠的信心千里迢迢前去朝禮，誰曾想在那片令人神往的聖地上看到的竟是此等讓人大失所望的景象！當然了，在屠宰這些羊隻的地方，如果有當地的上師僧眾在為牠們進行超度，那當然是一件好事，否則一定會玷污這塊本是佛法興盛之聖地。假設說在拉薩真實觀音菩薩之化身的達賴喇嘛

藏密素食觀 附 紅塵中的佛光等

47

所居住的布達拉宮附近、轉繞覺沃佛像的途中也出現了
這種賣肉的場面，其他人進而認為這是理所當然的事並
起而效仿實行，那恐怕再也沒有比這種行為更能醜化佛
教的了。

　　如今，在許多城區裡，每天都有成百上千的羊隻等
牲畜被宰殺，甚至連一些聖地寺院佛像的近處也擺放著
大量的肉類等待出售。如果米拉日巴師徒等曾經出世的
大德、法王、菩薩們看見這種慘景，一定會傷心落淚、
哀痛不已。昔日，在涅囊地方的集市上也聚集著許多賣
肉的商販，當時，正巧米拉日巴師徒二人前往該地化
緣。他們來到一地後，只見那裡的肉類堆積如山，頭顱
層層累積，牲畜的皮則鋪攤在地，而血流早已匯集成
海。許多待殺的牲口堆在一起，在這些牲畜中間，一位
手有殘疾的老屠夫剖開一隻大黑羊的胸部，當他將手伸
進去準備斷其命脈時，由於他的手不靈活，那隻羊竟拖
著露出體外的腸子跑掉了。牠邊跑邊發出驚惶失措的慘
叫聲，身體也在不停地顫抖、戰慄。不大一會兒，牠就
戰戰兢兢地來到至尊米拉日巴師徒跟前祈求庇護，最
終，這隻可憐的羊隻還是死去了。尊者一邊流淚一邊為
牠超度，並將其神識安置於解脫道中。之後，他懷著無
限的慈悲之情吟唱了這首飽含悲哀的道歌：

　　「悲哉輪迴諸有情，請看解脫之正道，悲哉罪人真
可憐，惡劣人身真愚昧。見殺有情真痛心，欺惑之人真

藏密素食觀

難化，父母死亡真淒慘，見肉堆積當何如？見血成河當何如？飢餓食肉真殘忍，如何思維真迷亂，無悲心者罪真重。重罪遮障真愚癡，屢屢造罪當何如？被貪欲心逼迫者，正造如是之惡業，心生悲哀當何如？惡人造罪當何如？若見剎那不憶念，如是之人我畏懼。憶念罪業心迷惑，惹瓊巴當念正法。若念心生厭離心，若修前往寂靜處，若思思維師恩德，若逃逃離罪業行，若棄捨棄世間事，若持受持修誓言，若知人生當修法。」

聽到尊者的這番肺腑之言，惹瓊巴也深深地生起了強烈的厭離心。他淚流滿面、哽咽地說道：「尊敬的上師，我一定依教奉行，捨棄世間八法之邪命而專心修行。」見到師徒二人到來，眾人滿懷虔誠的信心供奉酒肉等豐厚的生活用品，但他們二位尊者卻說，這些造罪得來的財產都屬於世間八法的範疇，因而根本沒有接受，直接返回降伏洞修行去了。

而當今那些被人們捧為菩薩或高僧大德的修行人來到肉市場的時候，沒有見過他們當中有誰說過「這些眾生實在太可憐了」等類話語，亦見不到他們因哀傷而流淚，相反，人們卻聽到他們說這肉很肥，同時也看見他們垂涎三尺、不住地咽口水的醜態。這些大腹便便的菩薩們已將自己毫無惻隱之心的面目徹底暴露無遺。

當今時代，有些地方雖然表面上建有許多宛如天界般金碧輝煌、莊嚴美觀的寺院，可是在其附近卻同樣建

有如同地獄般令人毛骨悚然的屠宰場。如果對照佛典，
就會明白這兩者簡直就是水火一般無法相容，因而此種
景觀絕對會給人帶來一種不倫不類、極不諧調的感覺。
一方面從轉法輪、弘揚佛法的角度來看是有利的；另一
方面從播散罪業種子的角度來說，則有極大的害處。佛
教的核心就是慈悲為懷，如果對罪大惡極的屠夫所殺的
這些父母有情不生悲憫之心，不做饒益之行，那麼佛教
還有什麼價值可言？因此，你不要幻想這樣的地方會有
佛法存在。

　　眼下，有些僧人為了便於買肉而故意讓屠夫住在寺
院附近，那些屠夫也認為他們一定會買肉因而就為了僧
人們而開始殺生。這些僧人們一邊心裡琢磨「屠夫殺的
全都是些膘肥體壯的羊隻等牲畜，現在，新鮮血肉肯定
已堆積如山」，一邊興致勃勃地前去買肉。另有些徒有
虛名的修行人，口中一邊美其名曰地說這些都是三清淨
肉，一邊興高采烈地踴躍購買。在我看來，到底是清淨
還是不清淨尚是一個未知數，不過，三種罪業的的確確
已經俱全了。對此，有智者理應審慎深思。

　　當前，上師善知識中害怕罪業的倒是為數不少，可
是能想到購買別人宰殺之肉並津津有味地享用實乃過患
無窮這一點，並進而心生畏懼的卻寥寥無幾。個別上師
聲稱自己的目的乃在於建立道場、樹立法幢，可是，如
果在那裡，殺生等惡業反倒比以往更加猖獗的話，那就

藏
密
素
食
觀

真的成了廣建罪業之場所，而非如他們所謂的是在建立道場，是在弘揚佛法。如果佛教徒對殺業滿不在乎、漠不關心，那麼佛教也就成為了顛倒邪行。所以，不要一味諷刺說外道是邪法，如果不能斷除殺業，那麼佛教與外道也只是名稱不同罷了，實際內涵則一模一樣。

被人們譽為具有大慈大悲品性的眾生怙主達賴喇嘛師徒，色拉、哲蚌、甘丹三大寺院的諸位上師善知識，以及統管十三萬部落藏人、歷代應世的大法王，他們下達的不許盜竊、強搶、飲酒等法令的確令人深感欣慰，然而，對於屠夫們一生當中就像將地獄搬到人間一樣、每天都要殺害數百牲口的惡業，以及肉堆成山、血流成河這種現象也必須嚴加制止。為了不危害父母有情的生命，應當按照佛陀制定的有關戒律規定僧人不准吃肉。如果能杜絕此種殺業，那麼即生中上師、本尊、空行、護法以及善法方面的天神都會滿心喜悅，他們一定會欣樂前來對修行人加以護佑；全國上下也會風調雨順、五穀豐登；這也是為出家僧人、在家男女消災延壽所做的最好的一種佛事；同時，還會避免有些小僧人為了吃肉而放棄聞思修行特意跑回家鄉這種現象的出現。因此說，戒殺斷肉實在是利益無窮。再者說來，因為禁絕肉食，前往拉薩朝拜的遊客們自然不會將精力放在葷腥食物上，他們一定會全身心地專注善法方面。這樣一來，四面八方的許多牛群羊隻自然就會擺脫命難，結果此舉

藏密素食觀　附　紅塵中的佛光等

也成了祈禱達賴喇嘛、班禪大師等諸位持教大德長久住世的最好的一種長壽儀軌殊勝佛事。如果覺沃佛像的後面沒有出現售賣血肉的場面，那麼一路上都可謂是清清淨淨的，這在佛教徒的眼裡也會顯得格外莊嚴、蕭穆，被罪障染污的覺沃佛像所失去的加持力也會恢復如初。如此一來，非但無有吃肉之罪過，而且以許多眾生擺脫命難的善根力，來世也會獲得人天善果，從而安享無比快樂。

　　總之，如果戒殺放生，則無論今生後世都會擁有安樂。關於這一點，只要參閱最有說服力的佛陀經典以及詮釋密意的注疏便會一目了然。其實諸位心裡都有數，我只不過在此提醒一下，沒有必要再做過多說明。

　　此外，對已受了別解脫戒、菩薩戒、密乘戒，而實地修持道次第、修心、大手印、大圓滿、道果、息法、斷法等顯密精髓法門的我們來說，既然身在修行人的行列中，那就必須斷絕直接或間接有害於眾生的所有惡業，且全力以赴地饒益他們。尤其是從發大乘殊勝菩提心開始，我們就必須做到：一想到一切父母有情，就不由自主地要對苦難重重的他們生起悲憫之情。我們一定要報父母恩，一定要盡心饒益他們！如果你真正承認這一點，那麼現在作為追隨佛陀的後學者的我們，非但不報答牛羊等可憐父母眾生的恩德，不利益牠們，反而大逆不道地食用牠們那血淋淋的肉，那麼這種報父母恩的

藏密素食觀

52

方式也實在太違背情理了。我們修行人都這樣不知報恩，那些世間俗人就更不用說了。多數僧人都將肉類作為唯一的食品，當然，吃者越多，羊隻等父母遭殺的也就越多，這是顯而易見的事實。所以，作為僧人而享受父母血淋淋的肉，這根本就不是佛教徒的所為，這真正是無有悲心之惡魔羅剎以及閻羅們的行為。如果珍惜愛重佛法與眾生的菩薩在，那麼真是需要他們慈悲顧看一下濁世出家僧人的此種惡行。

全知章嘉國師曾經親口說過：「眾生血肉骨堆之中央，揮刀吞涎匆匆氣洶洶，猶如降魔軍隊正出發，形象僧人慈悲而關照。」他的話的確千真萬確，只要細細思維，想來大家就會對其中的道理一清二楚。牛群羊隻等父母眾生在被許多惡業深重的人從遙遠的地方趕來趕去的途中，經常都是飢腸轆轆、口乾舌燥、疲憊不堪，受盡折磨。等到了屠夫門前，落入罪大惡極、赤目圓睜的屠夫手中時，這些殘酷的屠夫們或者斷其頭顱，或者捂口閉氣，或者用尖刀利錐從牠們的脊背直刺入心臟，又或者剖開牠們的胸部，直接將手伸進去斬斷其紅色的命脈……在遭受宰殺的整個過程中，羊隻等牲畜各個都會心驚膽戰、恐懼異常，牠們一邊繞來繞去，一邊發出淒慘的嚎叫，同時四肢顫抖、可憐兮兮地盯著屠夫們的面孔。有些牲口眼中會滿含熱淚，甚至淒然淚下。若耳聞目睹此種悲慘可憐的場面，不用說上師僧人，就連一位

藏密素食觀 附 紅塵中的佛光等

稍具同情心的老人或少年，都會情不自禁地傷心落淚。一想到這些，我們就會覺得吃肉甚至比吃父母肉還殘忍，還可怕。這些眾生在氣絕身亡時所感受的難忍苦痛實在是無法想像的，有些牲畜在一頓飯的時間內還死不了，身體一直軟綿綿地攤在那裡不住地顫抖。我們這些人不必說斷頭、閉氣或者被人用手伸進體內斷自命脈，就是用兩指掐自己的肉所感受到的微乎其微的疼痛，這種痛苦都無法忍受，而牛羊等父母有情卻是在超過此百千萬倍的痛苦中死去的。如果能這般推己及他、深思熟慮的話，諸位菩薩一定會發心臟病的。當然，如果我們沒有心那就該另當別論了，如果有一顆心，就必然要生起悲憫之意。打個比方來說，自己今世的老母親被別人殺害，對方將她的肉煮熟獻給你，此時，你對母親生不生悲心？同樣的道理，無論是牛是羊，任何牲畜都曾做過自己前世的大恩慈母，把牠們的肉給你，為何不對其生悲心？如果非但不生悲心，反而還生起貪婪之心並且厚顏無恥地享用，這種人簡直比羅剎的悲心還小，而對肉食的貪心卻比鷲鷹、豺狼還大。

藏密素食觀

從前，朗達瑪國王毀滅佛教後，於後弘時期，上師智光在發給藏族少數邪行修行人的信函中寫道：「大悲心較羅剎小，貪肉勝過鷲豺狼⋯⋯詆毀三藏之正法，墮無間獄真可悲！」尊者的話一點也不錯，如果有些上師善知識明明親眼見到、親耳聽到每天都有許許多多的父

母眾生在遭遇命難，可是心裡卻從不生悲心，只是想著吃肉，口中也從不說「這些眾生實在太可憐了」、「其實這些肉就是罪業的根源」、「不應吃肉」之類的話語，還是一如既往、肆無忌憚地食用肉食，那就真的比毫無悲心的羅剎還惡劣。在西南羅剎境內，那些上了年紀的老羅剎們在閒談時經常以嘲笑的口吻說：「藏地也有一些紅面羅剎，他們不僅僅吃肉飲血，而且把骨頭也砸碎喝湯。」所以說，我們的悲心竟比那些羅剎還小，你們不要以為無有悲心的羅剎遠在其他地方。鷲鷹、豺狼等凶殘的飛禽猛獸經常一兩天中都是無有肉食，而且牠們吃飽的時候，在還沒有飢餓難忍之前也不會為了肉而百般辛勞，牠們只是悠閒自得地待在一處。可我們中的上師官員等大多數人，一天沒有肉吃就會坐立不安，明明已經吃得飽飽的，卻還要為將來的食肉而購買大量的肉類，並且竭盡所能地積攢買肉的錢財。由此可見，我們對肉的貪心實比鷲鷹豺狼還大。因此，對於三藏中所說的一切佛教徒絕對不允許做直接或間接有害於眾生之惡行的規定，這些人只是口頭上說說而已，實際上已徹底誹謗、侮辱、離棄了這一教義，並將以此謗法罪而轉生無間地獄無疑。憑什麼不轉生呢？已經造了墮入地獄之惡業的我們、濁世中的大多數形象修行人，除了成為智光上師等住地菩薩的悲心對境以外還能成為什麼呢？這一點只要好好想想就會明白。

如果有人說：佛陀已經開許所有佛教徒可以吃三清淨肉，為何還要在這裡大談禁止食肉呢？開許有許多種，怎麼可以像山羊過河一樣一概而論呢？佛陀所開許的對象是除了肉類以外無有其他食物的地方，如果時間地點所限，為了維持生命而必須依賴肉食，此時才可以吃少許的三清淨肉。再有，對患有嚴重風濕的老比丘而言，其餘食物對治病無利，吃肉如果對病大有益處的話，也可以食用三清淨肉。佛陀並沒有說在三白三甜、糌粑、麵粉、大米等其他食物應有盡有、無有任何必要的情況下也可以吃三清淨肉，因此說不要誤解佛陀的密意。倘若如此，佛陀為什麼說「今後凡我聲聞皆不能食肉」這樣的話？佛陀還說：「不必說自己享用酒肉，就是給予他人，也將墮入號叫地獄。」世尊還講述了食肉的無量過患，難道這一切都是在說妄語不成？

此外，佛陀所說的從屠夫手中買三清淨肉尚有多種密意，我們應當根據具體的時間地點來作解釋。往昔佛陀在世之時，食肉者、賣肉者的心態與當今時代僧人們與屠夫們的心行迥然不同。佛陀在世時，教法與證法均極其興盛，所有僧人也都是慈悲為懷只知利益他眾，從不吃肉積財，也從不聚集一處虛度時光，當時也沒有像藏地這麼多的寺院。當時的屠夫們也只是為了自家與親友等的利益，根本沒有為僧眾之口腹之欲而殺一隻羊的念頭與行為。那時，只有患嚴重風濕、瀕臨死亡的老僧

藏密素食觀

人才會從屠夫手中接受少許肉食以為治病之用，這樣的肉才真正是三清淨肉。可是環顧當今時代，佛法儘管表面興旺發達，實際上卻僅有教法而已，證法已經失毀。在這樣惡劣的濁世，大多數僧人為三毒五毒煩惱所轉，將父母眾生血肉這樣的罪業食品作為主食，積累起財產來比在家人還精勤。建立許多大寺院時，屠夫們也知道這些僧人只要想吃肉就一定會付錢購買，於是乎便為了他們而宰殺大量牲畜。因為僧人們需要肉類，故而就有殺生的必要，而殺生就需要屠夫下手，因而有些僧人便故意讓那些屠夫住在寺院附近。屠夫為了僧眾而宰殺牲畜，對這一點明明親眼目睹、親耳聽聞或心有懷疑的僧人，卻還口口聲聲地說這些肉是三清淨肉，這些人難道不是在犯妄語戒嗎？僧人們只是口中並未直截了當地說「屠夫們，你們殺吧，我們會買的」，實際上則與直接說無有差別。單單憑口中沒有說殺羊、屠夫們也沒有說這羊是為了僧眾而殺這一點，並不能證明這些肉是三清淨肉。所以，寺院旁邊的屠夫們所殺的這些肉不僅不是三清淨肉，反而是為了聚集在那裡的僧人享受肉食特意宰殺的不清淨肉。具有智慧的人們應想到住在寺院附近的屠夫們所殺之肉的性質，並因此而小心提防，此點至為重要。

　　因此，我們必須清楚地認識到佛陀所說話語一定要與民族、地區、時間相結合。當今，施主為了上師而殺

生作供養，只是不好意思說「這是為了您的生活而殺的羊肉」而已。當這些施主為了上師專門殺羊供奉時，雖然這位上師對此明明看見、聽見或心存疑慮，可是他不但自己吃，而且也熱情地對別人說：「吃吃吃！」小僧人們也順水推舟地幫忙吃，這種現象目前已屢見不鮮。所謂的供養羊肉，就算供養者未對上師說這是為你而殺的羊，只要他是專門為上師而殺並且上師自己也已明明看見了、聽見了或心有疑慮，這就已經足夠了。

　　即便是三清淨肉，作為受了別解脫戒、菩薩戒以及密宗三昧耶戒後，按照道次第、修心法門、大手印、大圓滿、道果法中所說，修學慈悲菩提心的菩薩或出家僧人，也應觀想牲畜為父母有情從而擔心有害於他們的生命並因而拒不吃肉。再加上佛教的根基全賴悲心，為了維護佛教也應禁絕肉食，這一點極為關鍵。竹巴根樂尊者曾經這樣說過：「如果深入思維，那麼有誰會吃父母或兒子的血肉呢？有些僧人為了一飽口福而貪吃肉食，並且認為只要吃不是特意為自己殺的有罪過的肉就可以了，他們一直憑藉著『僧人可食三淨肉，如若不吃肉，則與提婆達多的行為相同』這樣的教證而享用肉食。我以同等理給你提出一個問題：三角形可以做成輪子嗎？如果不能，那麼沒有經過三個集市的肉也不可以吃。毫不思維其義，只是一味地咬文嚼字，最終只能是咎由自取。」

　　如果有人強詞奪理地說：「各地的屠夫中，可能有

藏密素食觀

佛菩薩的化身，往昔也曾有過這樣的歷史，所以從這些屠夫手中買肉無有罪過。」因為以前曾經出現過個別這樣的情況，所以現在就認為這種情況當前依然大量存在，假設這些人是在觀清淨心，那當然很好，但最好不要是因為貪吃肉食而說的狡詐之詞。只是心裡認為市場上的所有屠夫正在超度被殺眾生的神識，這樣的妄想又怎能成為我們可以吃肉的理由？你怎麼能確定一千個屠夫中有一個能超度神識的人？我們又沒有神通，如果屠夫們能將超度神識到清淨剎土的殊勝驗相顯示出來，或者上師大德以神通認定他們已經把神識超度了，那當然是一件好事，而事實上這種情況卻如鳳毛麟角一般極為罕見。就算有這類現象，但我們所聽說過的都是往昔的佛菩薩們將已死的父母眾生之神識超度到清淨剎土中的事例，因此還是不要自欺欺人為妙。否則先殺生後又將心識超度到清淨剎土的這種做法、說法，從眼前的實際來看，決定會令父母有情苦不堪言，從長遠來看，則與佛菩薩的行為規範背道而馳。而且這種超度方式也實在太難看了，所以，暫時還是放下效仿佛菩薩們的超度行為為好。

如果又有人說：「續部中說：『有悲心者食肉、具誓言者飲酒。』因此，具有悲心者吃肉無有過患。」倘若事實真相果真如此，那麼諸佛及其聲聞眷屬、二勝六莊嚴、阿底峽師徒等古往今來的歷代高僧大德們，他們

藏密素食觀 附 紅塵中的佛光等

從不吃肉飲酒，那麼照你們所說，他們都是些無有悲心、不具誓言的人了；或者他們都無有悲心，只有吃肉飲酒如你一般者才有大慈大悲之心腸了。因此說，真正具有悲心者絕對不會享用父母眾生的新鮮血肉，享用葷腥肉類者則毫無悲憫之心。如《息法續》中云：「享肉食者無悲心。」

如果對方又問：「那麼所謂的『具悲心者享用肉類』又到底有什麼密意呢？」此句所說是謂具有大慈大悲的菩薩在對眾生大有裨益之時，就像為了利於傷口而貼狗油一樣，無有私心貪愛，完全是出於利他之目的，並且也明明知道自己有超度結緣眾生的能力，然後才以大悲心享用肉類。具有大悲心者不用說吃父母眾生的血肉，甚至連手也不願觸碰一下。兩相對照，當今那些無有任何必要而吃肉的人們，已將自己毫無悲心的內在醜相完全暴露出來。

綜上所述，如今大多數寺院所享用的主食就是肉類，這無疑嚴重危及了牛、羊、鳥、豬等父母有情的生命，強行剝奪了眾生的幸福快樂，同時也違背了佛陀的言教，結果對佛教造成了極大的破壞。如果僧人們都不吃肉，那麼自然便會阻塞許多罪業之門，如此一來必將使佛教得以長久住世，也會給眾生帶來無限的幸福與安寧。因此，想珍重、弘揚第二大佛陀般的宗喀巴大師所創的新派及舊派教法者，以及現今住世、將來出世的諸

藏密素食觀

位上師法王大德們，責無旁貸，都應當遵循昔日佛陀在世時以及藏地前弘時期國王赤松德贊所制定的法律，並規定所有僧眾除了三白三甜等清淨無罪之飲食外，不允許享用有罪業的肉類等一切食品。

大慈大悲之佛陀的金口玉言是這樣說的：「肉乃猛獸之食物，大能仁說不可食。大慧比丘當了知，倘若食用之過患，以及不食之功德，享用肉食有何用？亦為迷亂及交媾，精血之中產生故，一切鬼王將畏懼，故瑜伽士不食肉。」國王赤松德贊則云：「如同出家堪布傳戒律，應當依據三藏中所說，一切僧眾飲食當享用，三白以及三甜清淨食，衣服當著塘夏披袈裟，處所當住經堂寺院內，切莫依於酒肉不淨食。」

因此說，當今時代，藏地儘管長久以來佛法可算極為興盛，但同時也不可避免地出現了許多佛法油子：明明見聞懷疑，卻又讓罪業的友伴、雙手沾滿血腥的屠夫住在寺院經堂附近，宰殺成百上千的羊隻等大量牲畜，以致肉堆成牆、血形成河，從而給聖潔的佛教添加上了難以抹去的傷痕。我在此誠心誠意地祈禱佛主本師釋迦佛、宗喀巴大師等十方所有佛菩薩能以大悲顧看一下給眾生帶來無量痛苦的這種現象，並且為了眾生也誠懇勸請達賴喇嘛、甘丹池巴等現今住世、將來應世的持教大德們對此予以關照，還希望具有智慧悲心的在家男女信士，對於殘殺父母有情的屠夫以及鮮紅的血肉等此類惡

藏密素食觀 附 紅塵中的佛光等

食也要極為藐視、漠然不理。這是我的肺腑之言，希望諸位銘記於心。尤其是在當今濁世，許多根本不具有超度能力的名相上師活佛善知識以及密咒士等，就像狐狸學獅子跳一樣竟然膽大包天、毫無顧忌地吃肉食葷，以至於毀壞自他善根、相續。因此，為了利益他們，諸位真實具有能使被殺的起死回生、被吃的得到超度之能力的上師及高僧大德，表面上也應裝出一副不能超度的樣子因而拒絕吃肉，這樣做會對眾生帶來極大的恩德。

下面再以偈頌的方式對上文內容加以總結：

誠摯祈禱大悲虛空藏，自在聖者觀世音菩薩，於無悲心一切諸眾生，相續中賜大悲之悉地。欲求快速獲得佛果者，當以慈悲清淨之意樂，發起殊勝願行菩提心，爾後修學一切佛子行。自己無始以來生世中，未做前世父母眾生無，不應直接或間接食用，有害眾生生命之血肉。楞伽經中詳細已宣說，凡食罪食父母血肉者，後世於號叫獄等中煮，必然感受劇烈大痛苦。大慈大悲續中亦宣說，倘若煮熟血肉骨後食，後世轉生沸騰鐵水獄，血肉乃毀三界眾生食。舊續普明經中如是說：食用血肉身聚食肉鬼，掠奪體力後世羅剎境，轉生成為食肉之羅剎。堅信王子曾經親口言：食肉短命多數墮地獄，報應遭殺肉他被食用，有因將受相應之果報。是故佛陀再三親口說：慎重思維食肉之過患，無論羊等任何眾生肉，任何時候始終不應食。全知克主傑尊曾經言：由於貪愛

藏密素食觀

62

肉味藉口說，戒律之中開許可吃肉，我等之人於何時何地，不說如是之語無過失，甚至睡夢之中亦不說。發菩提心之人若食肉，將會失去自之大悲心，見肉生起強烈之貪執，而為避免如是之過失，三清淨與不淨一切肉，均不食用實為稀有行。全知章嘉國師如是言：眾生血肉骨堆之中央，揮刀吞涎匆匆氣洶洶，猶如降魔軍隊正出發，形象僧人慈悲而關照。繞章法王金剛持尊言：尤其菩薩若極貪肉味，於眾所生悲心亦失毀。是故全世界中每一日，為食肉類殺生無有數，對諸殺者當生大悲心，投入救護他眾生命中。

俗話說得好：「重要之事可重複百遍。」因此，對於戒葷茹素這一問題我才再三強調說明。大慈大悲本師佛陀在《別解脫經》中說：「諸惡莫作，眾善奉行，自淨其意，是諸佛教。」從實說來，所有眾生離苦得樂的希望都來源於佛教。《入行論》中云：「願除苦良藥，一切安樂源，教法伴利敬，長久住世間。」而受持、弘揚佛教的人，就是所有身披袈裟的比丘。《文殊根本續》中云：「佛教珍寶器，熾器苦行者，出家釋迦子，乃諸比丘故。」因此，擯棄惡業、奉行善法才是真正的佛教，受持真正佛教的人即是僧眾。對於以殺害父母有情生命而來的血肉，不用說僧人，就是一般有良心的人又怎敢吃呢？

在如今這個時代裡，許多僧人居然將父母眾生之血

肉這樣罪業的食物作為日常生活的主食，這根本不是佛陀後學者的行境。為什麼這樣說呢？在無始以來流轉於輪迴的過程中，所有眾生沒有一個未曾當過自己的父母，實際上，前生父母與今世的父母一模一樣。尤其是一切智智佛陀親口說過：「往昔的所有母親養育關愛我們甚至勝過今生的母親，為了我們，她們曾經屢次不惜付出生命的代價。」誰能說佛陀的話是虛妄不實的呢？如果認為這話是真實的，那麼我們對這些父母眾生的大恩大德非但不感恩圖報，反而恩將仇報地將他們殘殺後吃肉喝血，那就實在太不合理了。不僅吃肉，而且還啃骨頭，口中還評價說這肉很好，那肉不好，這真的成了無有悲心的羅剎之行。為什麼？我們可以靜心沉思：山羊、綿羊等父母眾生在遭到罪惡深重的屠夫宰殺時萬分恐懼，牠們一邊在原地打轉，一邊拼命掙扎，同時發出聲嘶力竭的哀叫，四肢不停地戰慄，眼裡也是含滿淚水，並以哀求的目光看著屠夫的臉，眼淚止不住地往下淌。按理說，此時此刻，這些眾生真正是該生悲心的對境。然而，心狠手辣的屠夫卻擼胳膊、挽袖子，毫不留情地用鋒利的刀砍下牠們的頭。牛羊們感受了忍無可忍的強烈痛苦，在長達一頓飯的時間裡身體癱軟、顫抖不止。如果想到諸如此類的難忍痛苦，諸位菩薩的心臟病都會發作，我們這些人的心難道已徹底腐爛了嗎？或者我們根本就沒有心？又或者是鐵石心腸？否則怎麼會不生悲傷、同情之心呢？

以前曾經發生過這樣一件事實：有一位屠夫宰殺了大量的羊隻，當他出去解手時，還剩下一隻羊沒被宰殺。這隻羊心裡清楚自己即將遭殺，於是就用蹄子在地上挖了一個坑，將屠夫的刀埋在下面，自己臥在上面。我們都應好好思索一下這個案例，如果想看看這些到底是不是真的，那麼就請你親自到屠夫殺生的屠宰場去，看看那裡每天遭殺的成百上千的牲畜就會了然於心。如果想試試山羊、綿羊、犛牛等父母眾生所受的痛苦自己能否忍受得了，就可以自己摀住嘴閉住呼吸試一下，或者將自己的肉皮放在兩指之間使勁地掐。這樣的感受與羊隻所受的閉氣、斷頭以及被人用手伸進體內斷其命脈的劇痛比起來，恐怕連百千分之一也不及！若牠們所遭受的那般痛苦真實落到自己身上，自己是否能夠忍受？如果以自身為例、深入思維的話，那麼無論是出家僧尼，還是在家男女老幼，每當看到父母眾生之血肉這類罪業食品時，即便沒有生起悲心，想來也不會再生起貪婪之心而去恣意享用。例如，將你現世恩重如山的父母或者親生兒子殺了之後將他們的肉給自己，你會不會生起貪心而去食用？誠如竹巴根樂尊者所說：「做過父親的眾生的骨頭堆積成山，做過母親的眾生的乳汁匯集成大海，三界的容器豈能容納。因此，經過一番思考，有誰還能吃父母或兒子的肉呢？」無等博朵瓦尊者也曾經這樣說過：「請母親做客，將兒子的肉煮熟獻在她的

藏密素食觀　附　紅塵中的佛光等

面前，她會高興嗎？以殺生的供品供養佛陀也與之相同。」可是，對這些道理幾乎沒有人去深入思維，大多數人都認為只要自己沒有親手去殺，也沒有親口說殺，那麼吃了其他人殺的肉也不會有任何罪過。

懷有這種心態而吃肉的人無疑成了令佛菩薩們失望的因。法王竹巴根樂說：「就像不丹俗語所說的那樣，藏人眼見的不覺得香，口中卻並非不香。其意思是說，如果讓你直接殺害眾生，你一般不會去做；如果別人暗地裡宰殺後將肉油給你，你則會關愛加持施主，並隨喜他的所謂『善行』，這實在太令人感到心灰意冷了。」如今，在印藏蒙等地極為興盛的各大教派的許多寺院經堂附近，屠夫所殺的肉堆積如山王，這些牲口的頭顱則累積得像山丘，而鮮紅的血則流成大海，皮與內臟一般鋪在地上，角與骨頭則做成房子。當今，有些被稱為智慧深廣、戒律清淨、人格善良的老僧人花錢買肉，而讓一些身強力壯的小僧人背到自己的住處，此時的他就像要降伏怨敵的軍隊出征一樣，在許多眾生骨肉堆中，拿著小刀眼睛圓鼓鼓地邊找邊吃。這種行為完全可以說已經毀壞了佛法，並且大大降低了三寶的威望，同時也玷污了僧團，奪去了眾生各自的安寧與快樂。因此，持教大德們如果再不以大慈大悲、善巧方便來改變這種局面，那麼外道中也不會有比此更嚴重惡劣的行為與做法了。誠如法王竹巴根樂所言：「據說吃肉飲酒以前在外

藏密素食觀

道中存在，既如此，它怎麼又可能是內道佛教的行為呢？」長此以往，昔日在印度聖地極為鼎盛、在追隨佛陀佛子的二勝六莊嚴及八十大成就者等應世之時亦住世的佛教珍寶，後來也不得不受到瀕臨滅絕的損害。如果佛教中混入外道血肉供養的做法，那就不能稱得上是純正的佛教了。同樣，興於藏土的藏傳佛法，繼師君三尊之後一直到阿底峽尊者師徒、宗喀巴大師之間可以說未被罪業的污垢所染，但漸漸地，有些佛教徒與屠夫親密起來，因而佛法也受到相應的染污。如果不加以制止，久而久之，也許佛教也會因想念阿底峽尊者師徒而遷居到兜率天上去了。

　　現今，各別地方的佛教已明顯地摻入了屠夫所殺眾生血肉的雜質，因此很難說它是纖塵不染。為什麼這麼說呢？因為佛教的宗旨如果真的是諸惡莫作、眾善奉行的話，那麼當眾人大量地購買肉類食用時，想到肉食有利可圖，於是從事殺生的屠夫也就會越來越多。他們每天殘殺成百上千的父母羊隻等眾生，積累下了彌天大罪，從而使聖潔的佛教不可避免地被罪業所染。如果所有修行人、世間人尤其是僧眾們都能斷肉戒葷，那麼也就不會出現殺生之人了。例如，印度人從前不喝茶時，也沒有人去那裡賣茶。同樣，沒有人殺生，到時自然有許多眾生可得以放生，這是顯而易見的一條緣起規律。因此，再也沒有比這更圓滿的善事了，不過可惜的是，

很多人都不願、不肯身體力行。他們在為了肉而造罪的同時，心裡還認為那些金碧輝煌的寺院就是佛教的基地，所有頭戴紅黃帽子的都是持教大德。不管他們口中如何說，實際上其所想已與所行完全背道而馳了。這些修行人只是徒有虛名而已，其實與在家人毫無任何本質差別。正如至尊米拉日巴所說：「山溝壯觀小寺院，名為寺院實鬧市，噶當光頭小僧人，名為僧侶實俗人。」人們都說所謂的佛教形象期以後才會到來，事實上，我們現在就應到處宣告：佛教形象期已經到來了。

　　如果一些大德滿懷慈憫地向我提出這樣的問題：「若想弘揚佛法、利樂有情，應當如何做呢？」對此，我的回答是：要按照佛陀親口所說的教言去做。佛言：「大慧，我以前未開許過食肉，現在亦不開許，將來亦不會開許。出家眾不許食肉，乃我所說。亦為迷亂及交媾，精血之中產生故，一切鬼王將畏懼，故瑜伽士不食肉。」《善成續》中則云：「如是母親肉食物，欲成就者當斷除。」無等岡波巴大師也曾親口說過：「第一罪業食品肉，第二能令迷醉酒，第三誘惑之女人，真修行者棄此三，誠心修法棄此三。」此外，所有經續論典中均異口同聲地宣說了吃肉的過患。我在此誠心誠意地祈請達賴喇嘛、班禪大師及其補處，大臣，色拉、哲蚌、甘丹等寺院的所有上師、管家以及骨幹人員進行周密協商，或者各自寺院門前嚴禁這些佛教的怨敵——罪大惡

藏密素食觀

極的屠夫們留住。假設要住，除了其他食品以外，絕對
禁止向僧眾出售殺生的葷腥血肉。對於色拉、哲蚌、甘
丹三大寺等凡是受持佛教乃至身著四寸紅黃法衣以上的
僧人們，應當規定：除了三白三甜不染罪業的清淨食品
以外，不用說親自享受父母眾生遭殺斷氣身亡後的血
肉，甚至連手都不可接觸。對於佛教施主，那些住在城
區的上中下各階層的在家男女信徒，也應當開示這樣的
業因果法理。除了自然死亡、病死、墜入懸崖、橫死以
及被猛獸等害死的眾生血肉以外，父母有情遭殺死亡的
肉一律不允許吃，否則過患無量無邊。而作為出家人，
除了罪業食品——血肉的名字以外，一絲一毫也不要沾
上它的痕跡。

　　你們這些據說是佛菩薩的化身、為了無偏弘法利生
而特意投生現世的大德們，不要總是待在富麗堂皇、舒
心悅意的美宅裡養尊處優，享受快樂，而是應到外面去
看看眾生的實際疾苦、甘甜，到時才會明白到底該如何
利益眾生。往昔，佛陀在執掌國政時，也是因步出宮門
目睹了生老病死的場景，才拋棄王位來到清淨塔前削髮
為僧的，然後又在尼蓮河畔苦行而成就正覺果位。成佛
之後也並非建造一座妙宅待在裡面，而是雲遊各方、轉
妙法輪、饒益有情。對於佛陀這些可歌可泣的事蹟，我
們都應銘刻於心，效仿而行。

　　你們這些佛菩薩化身的高僧大德們，最初發心時

藏密素食觀　附　紅塵中的佛光等

說，耳聞目睹眾生之苦難，或者發現有誰在虔誠祈禱時，自己一剎那也不會漠然置之，定會盡心盡力利益有情。如是再三發願，這些情景想必你們應當一清二楚吧。既如此，那麼現在也不應捨棄當初的發心與發願，為了眾生的利益理當一如往昔地竭盡全力。假設你們沒有做到這一點，而是已將之置之度外了，那麼你們一定記得觀世音菩薩的傳記：大慈大悲的聖者觀世音菩薩曾經因捨棄了發心、誓願而致頭顱裂開，後來則再次如前發心精勤利益有情。你們一定記得這個公案，我只不過在此提醒一下。

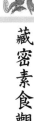

藏密素食觀

如果有人以訓斥的口吻對我說：「哈哈！你這個老僧人口頭上倒是說得很漂亮，可是斷肉這件事縱使一千位佛陀來辦也是不可能實現的。就算說凡是吃肉的人都在服毒，凡是食肉的人第二天早晨就會腫脹而死，也難以杜絕這一現象。這種風氣從此劫形成以來就十分流行，並非是現在新產生的。其實不僅是你，所有人都想戒肉，不過這一點歷代高僧大德們都未能做到。所謂罪惡之人上師也不能救護、犯罪之人長官也不能救護、不肖之子父母也不能救護，當一個眾生的業力臨頭時，千佛也無能為力。如果業的異熟果報佛陀也不可阻擋，那麼像我們這樣的人就更無計可施了，還是讓眾生隨著各自的業力而去吧，你不要太孤陋寡聞、見識短淺了。如果是輕易就能生起悲心的人，那麼他的嗔心也會接連不

斷。沉默不語是最深的竅訣，所以你不要像瘋子一樣說許多有必要或無必要的話，還是閉口不言吧。」

　　說這種話的人也許只是為了試探、觀察、看像我這樣愚笨的老僧人會說些什麼，或開開玩笑而已，不過，我還是願意對之做出答覆。當然，作為智慧淺薄、鼠目寸光、年邁脆弱的僧人我，也只能是口中說說而已，如果你們這些被稱為佛菩薩真正化身的一千位大德對此也無能為力的話，那麼被人們譽為遠離一切過患、具足一切功德的佛菩薩們的化身到底是否屬實就很讓人懷疑了。其二，據說初劫圓滿時，人們的福德等同天界，根本不會吃肉。再說，據藏地歷史中記載：早在聖者觀世音菩薩化現的猿猴與羅剎女繁衍人類時，除了享用水果、小麥、青稞、大米等食品以外，根本沒有提到過食用葷腥血肉。這麼看來，長期以來一直很猖獗的說法有點兒不符合事實了。其三，從昔日佛陀在世時起直到阿底峽尊者師徒之間，具有智慧、戒律清淨、人品賢善的佛陀後學者們基本都是斷肉戒葷的，這方面的事蹟與傳記為數甚多。其中，除了記述他們享用三白三甜等飲食外，沒有說過他們吃三紅三酸的。因此，說往昔的大德們也未能戒肉純屬誹謗之語。其四，曾有佛菩薩或上師善知識們講經說法以後，造下五無間等滔天大罪的人也脫離輪迴惡趣之怖畏而往生極樂世界的公案，當然如果你們有言外之意那就另當別論了，否則，說罪惡之人上

藏密素食觀　附　紅塵中的佛光等

師也不能救護是不切實際的。其五，如果輕易生悲心之人，嗔心也接連不斷，那麼，除了諸佛菩薩以外再沒比之更易生悲心的了，如此看來，你們必須承認佛菩薩也會連續不斷地生嗔心。此等說法很顯然已漏洞百出。其六，如果沉默不語是最深的竅訣，那麼講法示道的佛菩薩、善知識以及現今進行聞思的僧人們所作的研討、辯論都不是最深的竅訣，而所有旁生整天都緘默不言，那倒成了最深的竅訣了。其七，如果凡是瘋子的話都是不可信的，那米拉日巴尊者所說的「父瘋子瘋傳承瘋，傳承金剛手尊瘋」的話也不可信了。我想，按照前輩大德的傳記與說法來推測，正常情況是應該發瘋，瘋了以後則必須說，那麼，憑什麼我要默默不語呢？一想到父母有情的痛苦，就無法閉得了口。如果你們說，那你想說什麼就說吧。那好，現在我就開始說了：

藏密素食觀

　　如今，藏地佛教宛如日輪般璀璨奪目、極為興盛，數量眾多的持教大德似乎使雪域這片土地都顯得狹窄起來。在這樣的大好時期，如果還不能斷除吃肉這一惡業，難道還要等到佛法隱滅、持教大德們圓寂之後再將之斷除嗎？從前，有一個人騎在一匹野馬上縱情高歌，其他人問他：「你為什麼要唱這麼多的歌哪？」那人回答道：「現在騎著野馬的時候不唱歌，那要等到什麼時候才唱啊？」同樣的道理，佛教與大德住世的此時不斷除此惡業，那要待何時才斷除呢？比方說，英勇軍隊集

中之時應當降伏敵人，同樣，趁當前藏地佛法興盛、諸多持教大德並駕齊驅時，就必須徹底清除掉玷污佛教的這些葷腥食品，以及吃肉的紅面羅剎、剝奪父母有情生命的劊子手以及男女屠夫等。如果大家能同心協力，那麼就算比這還難以斷除的事也能斷除。

　　續部等中說五欲妙中誘惑力最大的要屬依止女人所得到的安樂了，對此，一切眾生都感到最難以斷除，然而僧眾們卻堅決斷除了。如今，身披袈裟、身心離貪的僧團鋪蓋大地，這一點是我們親眼所見的。如果像這樣難以戒除的事也能斷掉，那麼比較而言，戒肉就可謂輕而易舉了。為什麼呢？因為雖然不吃肉，但還有比肉更好、味道更甜美、營養更豐富的許多食品可供享用。現在，像我這樣的小人物都能做到在許許多多的小地方傳講業因果法門，並使那些地方的人們發誓不殺生；經過我的勸解，立誓不吃肉的僧人也為數不少。你們這些地位顯赫、具有善巧方便、大慈大悲的怙主達賴喇嘛、班禪大師及其殊勝補處、甘丹池巴、達賴喇嘛的經師，以及色拉、哲蚌、甘丹寺院的上師等，凡是現今住世的高僧大德更應一律斷肉，之後再為所有男女僧俗講授因果法門、食肉過患以及佛制的不許食肉的規定，並且按照經續論典中所說的規定，所有僧人必須戒除肉類，同時也要奉勸在家男女老少最好斷肉。如果實在做不到，那麼除了自然死亡的肉以外，遭殺斷氣的肉一口也不能

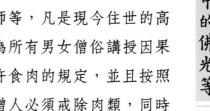

吃。如若吃一口，則與吃現世父母被殺死後的身肉無有差別，因此絕不能吃，必須像捨棄毒物般拋棄肉食習慣。你們應當再三鄭重地宣講這一道理！同樣，所有佛法興盛地區的上師，以及上中下層次的大德們如果都能戒肉斷葷，那麼佛陀真實不虛的無垢語言還有誰會不聽呢？這麼一來，即使是那些罪業深重的屠夫們也必會洗心革面、棄惡從善，更不用說其他人了。因此，諸位上師、高僧大德理當並肩攜手，本著慈悲為懷的宗旨，以各種善巧方便杜絕食用父母有情血肉這一惡行。

如果有人強詞奪理地說：「一般來說，在佛制的規定與必要性二者中，應以必要性為主。如果徹底禁止食肉，那麼風濕病嚴重的年邁僧俗老人，還有密宗舉行薈供時，以及高僧大德的生活等方面，又該如何面對？這些情況下是根本不能斷肉的。」下面即對此等說法一一駁斥：

藏密素食觀

其一，昔日遍知三世的佛菩薩們也是戒肉並依靠三白三甜等食品為食的，他們並且不止一次地語重心長地說過：肉食過患無窮，因此追隨本師的後學者們絕對不能吃肉。若按照你們的說法，則佛菩薩們根本就不知道未來的後學者中，有些老僧人會因風濕病而死，或者明明知道卻任其死亡，這種說法明顯不合情理。再說，風濕病患者也沒有必要非吃罪業食品——父母有情的血肉吧。續部等佛典中說，如果需要有益於風濕病的一百種

食品，則一千種藥物乃至大蒜以上都可以被找到。難道依靠一種藥物不能，依靠兩種也不行嗎？如果說還是無有辦法，必須要吃遭殺斷氣的眾生血肉，那簡直是欺負佛教衰敗、羊隻等父母有情怯懦無能的話語。難道你們一點悲心也沒有？風濕病人喝酸奶、吃油餅等絕對不會導致他們因風濕而死，這一點我敢擔保。大多數地方的人雖然想吃肉，但因肉類罕見而未能享受。多年以後，並沒有發現或聽說風濕病在當地流行起來。除了當代食肉的地方以外，還有許多不食肉的地方與眾生。據說如果對他們說吃肉，他們的反應就會像在膽病患者面前擺放食物一樣。總之，我們從來沒有聽說過那些有情都因風濕病而死的話。本來，有生終將會死，這是輪迴世間的普遍規律，這有什麼辦法呢？

其次，薈供也不需要肉。將所有飲食的本體觀想為無漏智慧、形象觀成五肉五甘露而作供養就可以。如果需要作為觀想所緣供品的一丁點兒肉，那也不用擔心得不到，因為如果斷除殺生，那眾生就會越來越多；眾生越多，死的也自然越多；死的越多，屍體也就越多；那些屍體全都是血肉，又怎麼會沒有薈供物呢？密宗續部中雖說薈供需要肉，但並沒有說非要遭殺斷氣而死的眾生肉，自然死亡的肉就不行。

第三，如果那些上師真的是高僧大德，那就不需要吃肉來維生；如果非吃肉食不可，那就令人懷疑他們到底是

不是真正的高僧大德。我想，當代的大德們再怎麼樣也不會超過二勝六莊嚴以及阿底峽尊者師徒等人吧。若是名副其實的大德，那三白三甜等飲食就已足矣。假設因為當今時逢濁世，高僧大德們故而特別喜愛吃肉，吃素根本就活不下去，非要享用父母眾生的血肉不可，那麼為了不對佛教構成損害，就請你們趁人不備時秘密地去尋找吧，也許能僥倖趕上一隻肥胖的綿羊突然死去。不過，即便得到這樣的肉，也應該私下悄悄地去吃。

　　如果又有人這樣說：「其實，吃肉的過患是很小的，不需要其他的對治法，甚至只是念一遍咒語、持一句佛號都能使之得以清淨。誰都會念誦《三十五佛懺悔文》，不需要是上師或高僧大德，凡是身著黃色袈裟的僧人，他們吃肉就都不會染上過患。」如果為了食肉而殺死成千上萬的牛羊等父母有情的罪業還算小的話，那麼你們說究竟什麼才是嚴重的罪業呢？整個世間中恐怕再也不會有比吃父母有情的肉這種罪業更大的了。吃肉多的人還是看看屠夫宰殺父母的場面吧。身為佛教徒，如果明明知道佛陀說過「諸惡莫作……」，卻還滿不在乎、明知故犯，就算他後來精進淨除障礙，但不用說像吃肉等這樣嚴重的罪業，就是說一句綺語的罪過也難以清淨。從前，有一位比丘出言不遜，惡口謾罵一位阿羅漢的不好聽的聲音就像狗叫一樣，後來，雖經猛厲懺悔而未墮入地獄，但他在五百世中都轉生為狗。還是好好

藏密素食觀

想想此類公案吧！

即便自己不被過患所染，可如果依靠自己而使父母有情遭殺，那麼從慈悲為懷的角度來說，為了利益這些眾生為什麼不能戒肉呢？以往的大德們依靠修行而清淨吃肉的罪業，自己根本不會沾染過患，但他們深知如此也將直接或間接有害於大恩父母有情，故而內心生起了無法堪忍的大悲心，進而為了饒益父母眾生於是便徹底戒肉。佛教依賴於慈悲，如果想受持教法，那麼就應當懂得一切眾生都是父母的道理，從而恆時生起大悲心，並遵照佛陀教言想方設法、直接間接地利益所有沉溺在罪業苦海中的父母有情。過去生世中屢屢以大恩撫養我們的所有父母眾生，如今正遭受著痛苦的折磨，如果我們非但不報恩德反而加害他們，那麼還有比這更可恥的事情嗎？就算自己不會染上過患，但如果對父母眾生有害，那麼不僅不要吃肉，甚至連自己的身體、受用都要拋棄。這種布施是內道佛教的一種特點，你必須明白。

若有人說：「就算吃肉罪過很大，可是依靠吃肉會更廣泛地弘法利生，因此功德遠遠大於過失，故當選擇吃肉。」依靠父母有情之血肉而使弘法利生的事業不斷推進，這樣的事以前不曾出現過，以後也不會出現。因為遍知三世的佛菩薩昔日也是通過斷肉而弘法度眾的，並且教誨後學者均應力斷肉食。從眼前的現狀來看，個別人依靠肉類增上明點，進而在貪欲的驅使下做出種種

藏密素食觀　附　紅塵中的佛光等

不如法的行為；還有些人則搞起經商謀利以及畜牧業的行當來；另有些人，肉倒是吃得飽飽的，但整天只知蒙頭睡懶覺。除此之外，根本沒發現有依靠吃肉而廣泛弘法利生、建立功德的。沒有以吃肉來廣泛弘法利眾當然可以，只要能像前輩高僧大德們那樣以戒肉來弘法利生就已足夠了。應像以往噶當、噶舉派的前輩祖師們的傳記中所記載的那樣，僧人們除了食用三白三甜等不雜罪業的飲食以外，斷除一切肉類；在家男女則除了自然死亡的肉以外，根本不享用遭殺斷氣的父母有情的血肉。

如果所有佛教興盛的地方連殺生的名字也聽不到的時代來臨，那麼它的福德若有形色，恐怕整個虛空界也容納不下。到那時，我們可以在人間天境中高聲地宣告：佛教的日輪已在藏地高高地升起，所有眾生都完全沐浴在明媚陽光的懷抱中而享受快樂時光。我們都應為此而努力！假使在五濁橫流的此時，因佛法衰敗、護法神勢單力薄、魔眾力量強大，再加上眾生業力所感，斷肉的機會沒有成熟、出現，那麼哪怕挽救一個父母有情的生命也有無量功德。這一點諸位都心中有數，我沒必要再在此處囉唆。

在此，貧僧我再一次雙手合掌恭敬祈禱：大悲怙主達賴喇嘛、遍知一切的班禪大師及其補處仁波切等住地的大菩薩們，希望你們千方百計、想方設法，也要使以拉薩為主的各地寺院佛殿附近屠夫每天宰殺成百上千羊

藏密素食觀

隻等眾生、血肉堆積如山以待銷售的現象日趨減少，並最終達到徹底杜絕的地步。其他慈悲的上師格西、君臣菩薩以及在家男女，上上下下的人們也都應將斷殺戒肉這一點作為修法的重心，並盡心盡力多多放生，以求能從屠夫手中救出牛羊等有情的生命。每年講經說法的諸位上師也應當結合經續論典中所說的教理，為在家男女老少講解吃肉的過患及不准吃肉、必須戒肉的道理。而作為僧人，上等者最好能完全戒肉，中等者除了自然而亡的肉以外不吃殺生之肉，下等者最起碼也應當做到除非斷食以外不吃屠夫宰殺的斷氣而死的血肉。如果能做到這些，那就足可證明該地有佛法與佛菩薩在。佛法住世、菩薩住世，無論如何應具有這樣的特點。僅僅放掉所有危在旦夕的可憐父母有情中的一條生命，也打上標記供養諸佛菩薩，並且誠心誠意地發願祈禱佛法興盛、眾生安寧，如果能這樣做，那再也沒有比之更大的善根了。這既是無畏施，又是佛教的根本大悲心之分支——行善斷惡。如此一來，此人已真正地受持了佛法。比如，若對兒子十分慈愛，母親也會高興非常。同樣，如果饒益父母有情，本身也就成了能令諸佛菩薩歡喜的最好供養。以此福德資糧之威力，未來定可獲得雙運金剛持相好嚴飾身，並成為人們塑佛像、印佛經、造佛塔的殊勝對境。以此放生善根所感，於現世中也會長壽無病，它實已成為最好的一種長壽儀軌。

在行文即將結束之際，再說一些教言：

如今，三地眾生的明目本師佛陀早已趨入涅槃，而真正的見證人與大德們多數也已圓寂，在許多未見真諦之人紛紛擾亂佛教的當下，欲求解脫的人們必須具足正知正念以及不放逸等行為特點。如世親論師在《俱舍論》中所說：「世間明目佛涅槃，作證大德多圓寂，未見真諦自任意，惡念之人擾佛教。愛重自然佛法者，勝往淨土眾無怙，以無選擇毀德垢，當今時代肆意行。如是能仁之教法，似乎悄悄臨隱滅，了知污穢猖獗時，欲解脫者當謹慎。」

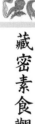

藏密素食觀

大乘正法的命根、大悲心的佛教如意寶正在衰敗的此時，許多人貪愛肉食，並舉出一些可以吃肉的相似教理，以之肆無忌憚地享用三清淨、不清淨肉。此時此刻，具有智慧的人們都應將佛陀的經典與印藏大成就者們的語言作為標準，無誤取捨善惡因果。當下，佛法如意寶如日落西山般瀕臨隱滅，自他的相續中不具有佛教的根本——大悲心，現在誠可謂是喜歡非法惡業的人稱王稱霸的時代。正如全知龍欽繞降尊者所說：「嗚呼且觀今佛法，日輪落至西山頭，經續光芒極微弱，成就者中亦稀少。依靠彼之論典者，被邪知識所牽引，具明目之眾生空，如鷗鵒者歡喜時，非法眾人均得逞。」現在的的確確已到了這樣的時候，能傳講如此妙法者已是寥寥無幾。如薩迦班智達所說：「十方佛陀前，合掌誠祈禱，我

當言真語，抑或說妄言？實說焚他心，妄說毀佛法，不說不了達，是故聖行難。傳說訜札仙，止殺生供施，爾時喜肉食，諸夜叉殺之。當今彼境域，稱訜札凶地。聽說講妙法，比丘花月飾，悲心說正法，被國王懲罰。此外說實語，世人於說者，生起邪見多，祈禱大悲尊。」

故我們一定要在虔誠祈禱三寶的同時反觀內心，無等博朵瓦大師在《道次第論》中寫道：「被稱贍洲第二佛，教言猶如甘露法，如集市乳雜染污，當今時代遍城區。聖者本應互讚歎，當今時代均競爭，靜處如理思維者，當今時代如晨星。棄今生修解脫道，當今時代稱無聊，追求現世積資具，當今時代稱能人。恭敬學處居低位，當今時代眾人欺，不警罪業破戒者，當今時代眾頂戴。大德漸次已圓寂，當今時代無依處，思維自己流轉過，應當向內觀自心。」正如其中所說，反觀自心是至高無上的竅訣。然而至尊佛陀也曾這樣說過：「大地無數成就者，肩負珍寶重擔時，應當百般而精勤，於彼等前取善說。時逢濁世彼圓寂，彼等智慧之結晶，諸多文字之論典，依靠上師之竅訣，善加受取而修持，智者知為彼替身。」我本人即是從前代諸大成就者的眾多精華文字典籍中取受這些道理的，其他具智者也應當如是實地修持。如阿闍黎蓮花戒所說：「遠離嫉妒大德等垢染，於諸功德如海不滿足，詳加辨別受持諸善說，猶如天鵝從水中取乳。是故一切諸智者，斷除偏袒攪擾心，

藏密素食觀 附 紅塵中的佛光等

縱然是從愚童處，亦當堅決取善說。」

上述道理，如果能實地加以修持，那麼此人暫時會獲無比安樂，究竟將順利直取佛果。

上述文字，是尊者夏嘎措智讓珠在《大悲書函》中的一段教言，在此翻譯出來奉獻給大家，望有志之士對此三思。此外，藏地尚有眾多大成就者，諸如如來芽尊者、華智仁波切、欽則益西多傑等人，都在有關遮止食肉的多部論典、著述中表達過對食肉這一行為的分析與批判，限於篇幅就不再一一摘錄、引用；漢地流傳甚廣的《涅槃經》、《楞伽經》等經典，以及蓮池大師、印光大師等高僧大德的許多論著，也都反覆強調了吃肉飲血所可能導致的種種言說不盡的過患。通達顯宗經論者，想必對此不會感覺陌生，故此處也不予詳述。總之，顯密大乘經典一致針砭了食肉這種惡行，如果我們能深入理解佛經旨意且願意依教奉行，那麼相信大家自此後當不願也不會一邊念著佛經，一邊大談慈悲心，一邊又把父母眾生之血肉啃嚙咂吮得滋滋有味，嘖嘖作響。

以上已將藏密對待素食的觀點大略宣說完畢。

接下來，我們再從現代醫學、營養學、心理學、社會學等學科的觀點和角度出發，結合對傳統道德及某些

古代文化名人對待吃肉問題的原則立場的追溯，對食肉與身心健康、道德完善之間的關係做一簡單研討。

日常生活中我們會發現，有些人對佛法滿懷信心；有些人則對天魔外道情有獨鍾；有些人又將現代科學，包括現代醫學等學科奉為至尊。對那些篤信科學技術的人士而言，如果他們確能追趕得上高科技步伐的話，食肉不僅於身心有害、亦對食肉者的性格產生負面影響這一觀點，相信應能被他們客觀、理智地接受，因這種看法目前已被大量的科學實驗所證實。

放眼大自然，一個顯而易見的事實一定會給那些勤於觀察者留下深刻印象：獅子、老虎、豺狼、金錢豹、鬣狗、鱷魚等食肉動物，一般而言，性情都非常殘暴，常令人以及其他弱小動物望而生畏；而犛牛、羚羊、鹿等食草動物，則性情溫和，幾乎從不主動傷害任何眾生，因而非常討人喜歡。與之類似，科學家通過研究發現，嗜好食肉之人，其性格也比吃素者凶暴得多；而那些信奉素食主義的人士，則大多具有比食肉者更多且長遠持久的愛心、悲心。

前蘇聯科學工作者曾做過一個非常耐人尋味的試驗：他們用素食餵養一隻鴿子長達一月，同時也用葷食餵養另一隻鴿子相同長的時間。結果，吃了一個月葷食的鴿子，其性格非常暴躁、易怒；而那隻吃素的鴿子，

藏密素食觀 附 紅塵中的佛光等

則體態完美，性格溫順。

　　吃肉不唯對眾生的性格會帶來如是大的病態影響，更會對眾生的身體帶來直接、強烈、持久的損害。支持此種說法得以成立的一個非常有力的理由即是：我們所吃的動物肉，其來源大多不外乎宰殺、病死兩種途徑。如果人們吃的是病死肉的話，這些血肉很有可能把致動物於死地的病菌再傳染給我們。很多人吃下不清淨的肉食後，馬上就會有噁心、嘔吐、疼痛等反應，這就是病菌傳染立竿見影的效果。如果吃的是通過宰殺而來的動物肉，那麼食肉者必得面臨這樣一個迴避不了的問題：動物們在被殺時，都會積聚起大量的怨氣、怒氣，食用了這些飽含怨憤之氣的肉食後，一個人的身體怎麼可能還會健康發育、成長？科學實驗表明，人在發怒時呼出的氣體等物質，若通過瓶子等容器收集起來，再注入一些小動物的體內，這些小動物過不了多久就會死亡。可能是因為人身長大等原因，動物死時的怨氣暫時還不足以立刻致人於死地，但這也只能算是人類可憐而又可悲的一點僥倖而已。

　　本來大自然已為我們準備了豐富無比的素食資源，這一點只要看看田野裡那些鮮翠欲滴的瓜果蔬菜、穀物麥類就可以得到印證。放著清淨的食物不去享用，偏偏就要從血腥屠殺中尋找飲食來源，而且還要冒著健康受到威脅的危險，這種做法、習慣的不合理性簡直讓人匪

藏密素食觀

夷所思。有人也許會認為只有佛教徒才會對吃素吃葷斤斤計較，才會在這裡大談特談什麼食肉的過患啦、吃肉導致性情變化啦等等聳人聽聞的話語，其實不然！從古到今，無數對社會發展做出過貢獻的人們，都以各種方式、在各種場合、從各自的理解角度出發，對人類吃肉這一習俗進行過並將繼續進行多層次的反思與批判。古希臘哲學家及數學家畢達哥拉斯就曾表述過對吃肉風習的不解與規勸：「我的朋友們，不要為了罪惡的食物沾染你們的身體，有玉米，有從樹上垂下來的水果，還有葡萄園裡的葡萄供我們食用，更有甘美的食用植物和蔬菜。大地供給了許多無罪的豐盛食物，也提供給人類不用殺戮即可獲得的大餐。」不僅如是提倡，他本人還身體力行：付錢給漁夫，將他們捕回來的魚放生。

　　希臘傳記作家、史學家普魯塔克曾說過一段非常發人深省的話，恰好可以作為我們前文觀點的注腳：「以我而言，我很奇怪那第一個用嘴去接觸屠殺物、將死動物的肉遞向唇邊的人，也很想理解那個將早一刻還在叫喊、活動、張望的動物的屍體，做成一道道各種名稱的菜肴並放在人們眼前的人，他的感覺、靈魂或理性到底是什麼樣的？他的眼睛怎忍看那血淋淋的被殺、被剝皮撕裂了的軀體？他的嗅覺怎麼忍受那血腥味？他又怎能咬嚼別人的傷處，吸食從致命的傷口中所流出來的液汁？做這種污穢的事，怎能不倒他的胃口？」

藏密素食觀　附　紅塵中的佛光等

其實，飲血食肉牽扯到的已不僅僅是一個倒不倒胃口的問題，現代醫學已越來越傾向於把肥胖等疾病與吃葷這種飲食習慣掛起鉤來。就我們現量所見而言，食肉者大多比食素者身軀重大，一旦他們的體重超過一定的標準，勢必會引發很多問題：諸如高血壓、冠心病、糖尿病等，這些病的病因不能說和過度飲食，特別是嗜愛肉食無有關聯。不僅如此，隨著身體的日趨胖大，整個人都會產生一種沉重、不堪其負的感覺。天長日久，這些肥胖者不但不願、亦不方便進行各種活動，就連他們的精神反應、心理活動也會慢慢遲鈍起來。身心的病態發展如果得不到及時有效的調整、控制，一個人的生命意義與價值便要大打折扣了。

美國營養學、醫學專家米勒爾博士，曾用兩隻老鼠做過這麼一個試驗：他給其中的一隻餵養素食，另一隻則供給肉食。一段時間之後，米勒爾發現儘管參與試驗的兩隻老鼠生長發育的情況大致相同，但吃素的那隻明顯具有較強的抗病能力，而且最終存活的時日也較長。而那隻食葷的老鼠，身體機能則相對較差，抗病能力亦無法與吃素的老鼠相較量，在得了某些疾病後，根本無法似食素老鼠那般快速康復。

眾多醫學研究都表明，所謂食肉有益健康的說法完全不符合事實的本來面目。那些信奉民間說辭的人士，往往以不吃肉營養就跟不上等理由為自己的貪婪欲望找

藏密素食觀

藉口。其實，這些食肉者大多數都非營養學專家，如果他們真的尊重科學、尊重真理的話，就應該相信並接受營養醫學專家經過長時間研究、探索之後得出的正確結論。而且與營養學專家取得一致意見的還有很多科技界人士、政治家、文化名人及大量的普通食素民眾，這些人的生活時空涵蓋古今中外，儘管民族不同、身分不同、國別不同、時代不同、地域不同、文化背景以及生存環境都不盡相同，但在認同素食這一點上，他們與當今時代營養學權威們的看法卻不謀而合。營養學家的有代表性的觀點用米勒爾博士的話來說就是——「我們若偏愛食用各種動物肉，身體必然就會體弱多病，因肉類中普遍缺乏維生素、碳水化合物等營養元素。而且肉類中原本就積聚著很多動物體內的廢料，以及動物身上攜帶的各種病菌，再加上屠宰後所起的腐化變質作用，因此說食用肉類必然導致身體吸收過量的廢物、毒素。久而久之，各種併發症即相繼而起，如此一來，食肉者又焉能身強體健？長遠來看，此等人很有可能因體力衰弱而成為庸懦無能之輩，到時豈不貽誤一生？」

美國《人生與健康》（《Life and Health》）雜誌曾刊發醫學博士奧雲・柏列（OwenS.Parrett,MD）的一篇文章——《為什麼我要素食》，文中詳盡闡述了作者的素食觀，其中不乏很多真知灼見。現將該文內容大略整理如下，相信讀者自會從中找到博士所言的合理、切實之處。

藏密素食觀 附 紅塵中的佛光等

在我很小的時候，每當別人把肉放入我的口中時，我就會立刻吐出來。從那時起一直到現在，五十年來，我總是吃素，所有禽獸魚類等物，概不沾口。現在我將自己之所以成為素食者的理由和讀者們談一談，相信諸位一經明白素食的道理，必定像我一樣喜歡素食。

素食可以延長壽命，這是我素食的第一個理由。與我同年齡的很多病人早就退休了，他們提早退休的原因就在於不懂養生之道。而我對養生之道的闡發是建立在科學研究及自己幾十年來的臨床經驗的基礎上，故深信一定準確無誤。假使我一向食肉的話，今天就不可能繼續我的醫務。因為做一個醫生必須思想清楚、體力耐勞、神經健全，否則就不足以愉快勝任手頭工作，而素食就可以滿足這些身心條件。

我們的身體是由千千萬萬個細胞構成的，每個細胞都有吸收營養物、氧氣及排泄廢物的功能；如果這種機能遭受傷害，細胞就會退化衰弱，同時，依靠細胞而成的身體各種器官，也會隨之退化衰弱。諾貝爾獎金得主──亞力士・卡理羅博士（Dr.Alexis Carrel）早已認識到：如要檢驗體內各器官是否衰老，只需查驗細胞供給營養與排泄廢物的功能如何就可了然。器官的健康程度，全賴細胞的功用如何而定，我們如能把細胞的廢物排去，又將其所需的營養補充無缺，人的壽命於是就可以達到很長的年齡。反過來說，如果細胞裡的液體經常

被廢物充斥，我們的壽命當然就縮短了。

卡理羅博士通過試驗給我們證實了這個道理，而數年前耶魯大學的教授歐文‧菲沙博士（Dr.Irving Fisher）也經過觀察研究得出結論說：素食的新運動員與校內精選的運動員對抗，雖然前者未經訓練，但其耐久力勝過後者兩倍有餘。

影壇上號稱「人猿泰山」的約翰．威斯慕拉（Johnney Weismuller），是一位馳名世界的游泳冠軍，在多次打破世界紀錄後，有五年時間因年事稍長而未能再創佳績。隨後他便開始素食，結果在一次慶賀某療養院游泳池竣工的典禮上，他一試身手，竟再創六項新世界紀錄。之所以有如此驚人之舉，皆因他在訓練期間戒絕肉食、自己選擇蔬菜等素食之故，所以才能保持充沛精力，並遠勝昔日食肉之時。

奧林匹克世運游泳冠軍──茂林‧羅斯（Murray Rose）也是一名素食的運動員，不僅游泳技術名震寰球，其素食習慣亦為世所共知。羅氏自兩歲開始素食後即從未間斷過，據體育界人士說：「羅氏游泳不但速度驚人，耐力特強，而且每次比賽到最後關頭時，速度還要加倍。」羅氏具此體力，若非素食何能致此！

其實只要我們知道食肉的危險，對於素食當然就會欣然接受了。食肉到底有哪些危險呢？

畜生在活著的時候，自然會將體內的廢物排泄出

藏密素食觀　附　紅塵中的佛光等

來，但一經宰割，廢物就積存體內，所以在不知不覺中，人食其肉，就等於把畜類的廢物吸收進自己體內。尿酸就是最明顯的肉類廢物，每磅牛排含有14克尿酸，而細胞整天浸在廢物裡，新陳代謝的功能自然會退化衰弱，人當然就會有疲倦感及各種未老先衰的病症。

　　美國安亞波大學教授紐柏博士（Dr.L.H.Newburg）在一項試驗中指出：肉食占所攝食物總量的25％的一隻老鼠，比那些素食或更低肉食攝入量的老鼠生長得肥大活潑，但數月過後，這隻外顯肥大的老鼠的胃部卻遭到了非常嚴重的損壞。

　　另外，畜類常患有如人類一般的傳染疾病，這又是食肉者必須面對的一個可怕的危險。我的女秘書曾對我說起過一件真事：她的丈夫在一牛奶公司做管工，去年有四頭牛懷疑患有白血病，其中一隻後經獸醫檢查證實後，四小時內就斃命了。當時該獸醫提議說，應將同樣患病但尚未死去的三頭牛送到市場宰殺以出售其肉。按照慣例，患有癌症的牛，當其身體其他部位尚未見到染著癌症的跡象時，是可以到市場上出售的。又比如，有些患有眼部癌變的奶牛，在其眼睛徹底瞎掉以前，一直都在給人擠奶。

　　畜類會患多種疾病，所以在市場上出售的肉類，也會帶有各種病菌！這點沒有人比肉類檢驗員知道得更清楚。最近有位朋友告訴我，他的妻子有次參加宴會，她

藏密素食觀

因素食故只叫了一盤蔬菜，而座旁一位陌生男子也只叫了一盤蔬菜。那位男子見狀就問她道：「請問太太是素食家嗎？」他的妻子回答說：「正是！先生亦是嗎？」那人回答：「不是，我是肉類檢查員，明白肉類可能帶有細菌，因此不敢吃肉。」

談到家禽的情形，同樣非常可怕！據我所知，禽類所染的癌疾，最普通的是癌性腫瘤；還有一種是傳染癌病，凡染上這種癌病的家禽，外表根本看不出來，且會活到很正常的壽命，但牠隨時都會將癌疾傳染給同類。對這一類患有癌疾的家禽，檢查起來非常不易，一般來說，檢查員很少會將每隻患病的家禽挑揀出來以禁止售賣。因此說，大家若能在感恩節買到一隻健康的火雞，那實在是一件非常幸運的事！

說到吃魚，有位內行告誡我說：「魚身有蟲不可食。」我將幾條魚挨個一驗，果然如此！當人們在煎大比目魚時，其實有成群的細蟲蠕蠕而動，這實在令人作嘔。

「不食肉」這個建議也許大家以為很難做到，其實並非如是。只要把穀類及硬殼果配合起來，便能製成味道很好的素菜，大可以滿足那些愛好肉味的人。我日常用餐時便常準備好幾種美味可口的素食，所以我從來也沒想到過需要肉食。事實上，由於多年來在實驗室研究畜類的種種疾病，並且在臨床上見到病人的疾病很多都

是因食肉而引起，故才使我素食的心愈發堅決！我深信，自己終此餘生是不會再食葷了。

奧雲·柏列博士的話確實引人深思，若追溯人類歷史的話，我們會發現，在初劫之時，人類並不依靠殺生食肉為生，而天人以及清淨的瑜伽士們則何時何地都不會食肉，但他們的身體也從未出現過所謂營養不良這種現象。同樣，現代人亦無需為食素而擔心身體缺乏營養。還是讓我們聽一聽美國外科醫生約翰.哈維.開洛格對這一問題的闡述吧：「肉類食品並不是人類的最佳營養品，也不是我們原始祖先的食物。它們是次要的或第二手的產物，因為一切食物最初皆從植物而來。人類營養所必需或可口的東西，凡在肉食中可以獲得的，莫不皆可從植物中取得。一隻死牛或羊躺在墳地上，大家都叫牠臭屍。同樣的屍體，修整一番，掛在屠戶的攤子上，就成了食物。假如用顯微鏡將籬笆角上的屍體和肉店裡的屍體作一番檢查，可能發現兩者只有極少，甚至沒有區別——它們都充滿了結腸菌並發出同樣強烈的腐爛氣息。」

因此說人們大可不必擔心素食會導致營養缺乏，因穀物、蔬菜等素食中已飽含維持生命所必需的養分。特別對腦力勞動者而言，更無需擔憂素食能否供應得上科研、寫作、實驗、思考所需之營養這一問題，美國科學家富蘭克林早就以自身的實踐對此做出了最好的回答：

藏密素食觀

「吃素使頭腦清晰，思考敏銳，能帶來更大的進步。」

　　富蘭克林自16歲開始便一直食素，在其自傳中，他還稱吃肉為「無緣無故的謀殺」。而現代營養學權威、哈佛大學的佛德烈史博士（Dr.Fredrick Stare）更斬釘截鐵地說：「硬殼果、穀類、豆類、蔬菜等，營養成分並不少於肉類，有此素食何須他求！」約翰.哈金醫科大學的麥柯林博士也發表過大致相同的看法：「任何人願意廢除肉食的話，都會獲益甚大。」而在如此眾多的素食品種中，屬於中國特產的豆腐更是營養豐富、物美價廉。孫中山先生當年就曾講過：「夫素食為延年益壽之妙術，已為今日科學家、衛生家、生理學家、醫學家所共認矣。而中國人之素食，尤為適宜，唯豆腐一物，當與肉類同視。」「夫豆腐者，實植物中之肉料也。此物有肉料之功，而無肉料之毒……」

　　如果人們都能放棄肉食的話，從中受益的將不僅僅限於人類自身的健康，大量的動物都會因之而得以保全性命。世間最寶貴者乃為生命，任何一種形態的生命，不論其顯現多麼卑賤、骯髒、低等、醜陋，也不應該就此成為別種所謂高貴、文明、進化的生命形態的腹中之物與犧牲品。為了我們自己的道德良心，為了大家都能心安理得地面對來自心靈深處的拷問，還是讓我們自覺地約束一下自己那永無止境的貪婪大口吧！

　　上一世紀天才而偉大的物理學家愛因斯坦就這樣講

過：「我認為素食所產生的性情上的改變和淨化對人類都有相當好的利益，所以素食對人類是很吉祥的。」

從佛教角度而言，人身是由血、肉等三十六種不淨物組合而成的，若剔骨析肉、剝皮探裡，人們會發現所謂的肉身只不過是骨架、血肉包裹著不淨糞的假合而已。若為了此一假合不實之身軀再去殺生害命，只為將醞釀不淨糞的肚皮填飽塞滿，這種作為想起來就會令人作嘔不已。

不僅佛教反對以屠殺動物的方式滿足人類自己毫無實義可言的口腹之欲，很多世間智者也從各自的理解、觀點、角度出發，猛烈抨擊了人類這一殘忍而無有絲毫價值的陋習。俄國作家列夫.尼古拉耶維奇.托爾斯泰就曾經說過：「吃肉簡直是不合乎道德的，因為它牽涉到違反道德的行動──殺戮。」「當我們的身體是被宰殺動物的活動墳場時，我們怎能期望這個世界能有理想的境地呢？」英國作家蕭伯納在回答別人問他為何年事已高而看起來還顯得那麼年輕這一疑問時，也嚴肅地說道：「不是我看來年輕，我的相貌確與我的年歲相仿。只是其他人看來比他們的實際年齡蒼老罷了──吃屍體的人便是這樣，還能指望他們怎樣呢？」「這真是很可怕的事，除了動物的痛苦與死亡之外，人類亦毫無必要地壓抑了自己高貴精神的本質：對一切動物如待自己般的那份同情與仁慈。不僅如此，人們還違背自己的感覺，變

藏密素食觀

94

成殘酷的人。」在蕭伯納看來，人類原本是擁有崇高的精神品質的，人們是應能仁慈地對待動物的，但殺生食肉卻使原本高貴的人性徹底扭曲了。的確，當人類用屠殺的方式對待生活在我們周圍的眾生，而且這種屠殺的目的僅在於維持一堆骨肉血脈等零件的非真實運轉，此時，我們不能不說這個世界確已被變態、荒謬與仇恨的氣息吞沒了。

若對吃肉的行為稍加分析則不難看出，人之所以貪愛肉食，大體來自小時候所養成的吃肉習氣。如果一個孩子從小就生活在一個素食家庭裡，那麼長大以後，他自然而然就會排斥葷食。與之相伴隨，他的性格也會向無有貪心等良性品性方面發展。仔細想一想，放著這麼美好的前景不去追求，大家反倒幾千年如一日般地競相殺害眾生，且將殺生所得的充斥著沖天怨氣、毒素、渣滓、病菌的血肉，拼命塞進嘴裡、餵給孩子，這種生活習慣、飲食模式，是不是有些太過愚癡、太過血腥、太過顛倒錯亂？如果再深入觀察，相信人們一定會同意這種觀點，即所謂的肉的美味除了舌頭以外，人身上的別的器官一概無法感知。若按照《俱舍論》的觀點，則此一能感知肉味的舌頭也並非全方位地與味道打成一片，只有其上的一小塊肉方能具體地感知各種味道。說到這裡，一個嚴肅的問題便擺在了每一個食肉者面前：為了那一小塊肉，我們是否可以不顧來生地殺害父母眾生？

藏密素食觀　附　紅塵中的佛光等

95

即便你不承認業因果、不承認前生後世，那我們也可以從味覺這一角度繼續將問題深入探討下去：一般而言，未吃下某種東西時，此種東西的味道我們無從感知；吃進肚中之後，味道不可能隨著食物的被消化還恆久、實有地存在，由此看來，只有在咀嚼食物的那個短暫瞬間，所謂的味道才似有實無、虛無縹緲地存在。而且我們認為鮮香無比的所謂肉味，其實也只不過是人類習以為常、約定成俗的一種習氣執著而已，這一點確如上文已引用過其言的台灣療養醫院營養部主任所說：「我們醫院的病友，許多一開始都不能接受三餐都吃素的飲食方法……坦白地說，他們不是每個都喜歡吃素，因為吃肉的人已經習慣肉的滋味了，而素菜當然沒有肉味香，但狗吃屎也覺得很香……不過第二次來住院的病人就可以適應了，這就是習慣。而我們應該養成好的習慣，那樣才會快樂。」

由此看來，問題的關鍵就在於：不從佛教的立場出發，只按人類現有的道德水準衡量，我們應該不應該為了這短暫的味覺感受及虛妄不實的習慣就砍斷動物們的脖子、剝下牠們的皮肉、斫斷牠們的筋骨、切割牠們的四肢、放掉牠們的鮮血？難道千百年來我們還沒有聽夠動物們被殺時的悲慘嚎叫？還沒有看夠牠們在斷頭台上血肉橫飛的慘況？那一點點轉瞬即逝的味覺，竟能凌駕於人類的道德禁忌之上？在已經有了成千上萬種素食的

藏密素食觀

前提下，還要為滿足那一點點「舌肉」的短暫感受而殺生害命，這樣發展下去，會不會有一天，追求欲望的無限制滿足的人類，在舌頭已嘗遍了別的眾生血肉滋味的情況下，執著味道的心會讓他們把嘴巴、筷子伸向自己的同類？如果貪執味道的習氣不被遏制的話，總有一天，我們會看到人間到處上演的人吃人的慘劇。而這一點早已被意大利文藝復興時期的傑出畫家達.芬奇指出過了：「人是一切動物的主人，因為他的殘忍超過任何動物……我從很小就摒棄了肉食。未來有一天，人們看殺人和屠殺動物沒有什麼兩樣，這一天終會來臨。」

現在已到了我們人類捫心自問的時候了，聽聽英國哲學家安妮.貝桑的話吧，不知道那些從不知檢討自身飲食習慣的食肉者們，會不會因此而開始反省自己的維生之道？

「吃肉的人，須對因吃肉而引起的一切痛苦負責，這些痛苦乃來自於以有知覺的動物為食。這不僅限於動物們在屠宰場中所感受到的恐怖，還包括牠們在火車、輪船等運輸工具中所親歷的痛苦，以及牠們所面臨的飢渴、長時間飽受折磨等痛苦。為了滿足人類的口腹之欲，這些悲慘的動物就必須承受這許多的痛苦。」

動物們為食肉者做出了巨大犧牲，但可悲的是，第一，這種犧牲完全是被動的，因而也是痛苦不堪的；第二，享用這種犧牲的食肉者們，並未從中得到一絲一毫

藏密素食觀 附 紅塵中的佛光等

的利益，反而種下了來生必墮惡趣的種子。非唯來生要面對慘痛異常之果報，今生中他們也不可能真正享有任何自以為可從吃肉中得到的好處，諸如養生之類。前文已引用過相關的佛教教證，說明欲得長壽必斷殺生食肉，下面再結合日常生活經驗及專家意見，對此問題再作闡述。

藏密素食觀

1954年及1962年兩度獲得諾貝爾獎的美國保林教授，在其所著的書中曾建議人們多食用水果與蔬菜，因其中含有大量的維他命C，可以防止感冒並延長壽命。台灣大學醫學院的陳瑞三教授，曾花了兩年多時間，深入全省各地的49座寺廟展開調查，共為249位出家人做了各項檢查及血液分析。同時，又另外調查了1057位吃葷者以為對照群體。結果發現：（一）吃素的出家人血蛋白完全正常，根本無有營養不良現象。（二）吃素者的膽固醇平均值為158毫克，吃葷者則為180毫克，而那些患有血管硬化症的人則高達231毫克，遠遠大過食素者的膽固醇含量。（三）眼底網膜動脈檢查發現，吃素者中只有16％的人有硬化現象，而吃葷者的血管硬化比例則高達40％，而且素食者的眼底網膜硬化程度非常輕微。（四）各個年齡段的出家人的血壓都比同年齡段的吃葷者為低，且血壓超過150者中，吃葷者的比例是吃素者的兩倍。由此看出，不說別的，單就預防高血壓、心臟病而言，吃素都比吃葷積極、有價值得多！難怪美國《人生與

健康》雜誌在其刊載的一篇文章中說：「洪水之前十代，人民平均壽命912歲；洪水之後，人們開始食肉，十代以後，人民的壽命平均只有317歲。」儘管這種年代劃分的依據來自基督教，但它依然指出了基本的事實真相。

以佛教界而言，如虛雲老和尚高壽120歲，清定上師、廣欽老和尚、趙樸初居士、李炳南居士等大德也全都以高齡之相示現圓寂。他們的長壽當然與各自的修證境界有關，但食素無疑也是一個非常重要的健康因素。不唯佛教界如是，全球眾多的壽星也大多是素食或半素食者，如匈牙利的農夫查登（Petars Czarten，享年186歲）、挪威的農夫蘇倫登（Josep Surren-g-ton，享年160歲）、前蘇聯的山地人米斯里莫夫（Sk-r-a-li Mislimov，享年160歲）、丹麥的農夫莊康波格（Drakenburg，享年146歲）等人，日常飲食基本不離大麥、馬鈴薯、豆類、白菜等物。

正因為看到了素食與長壽、健康之間的密切關係，故越來越多的人都加入到素食者的行列中來。目前，素食之風可謂正吹遍全球，德國就是這方面的一個典型代表——兩德統一前，僅在西德就有2500家素食飯店！

若回顧歷史，我們會看到，其實在中國傳統的道德價值評判尺度內，吃素歷來都與「天人合一」「仁義禮智信」等理想的人格境界、道德準則、天地良心不相違背，吃素更在很大程度上直接間接地促成了這些道德規

藏密素食觀 附 紅塵中的佛光等

範的普及與生活化、內在化。在日復一日的素食文化氛圍薰陶下，許多看起來枯燥、乏味、似乎不食人間煙火的普遍德行律條，被漸漸人性化為普通百姓的尋常日用軌則。反之，若一味高談天理，而實際上卻連最基本的不殺生都難以落實，這樣的道德訓誡在很大程度上必將流於一種自欺欺人的教條。

宋代文豪蘇東坡就曾尖銳地指出過：「人一殺生，則五常盡犯焉。蓋屠戮他身，肥甘自己，為不仁也；離他眷屬，延我親朋，為不義也；將他肉體，供獻神人，為不禮也；稱言食祿，當受刀砧，為不智也；設餌妝媒，引入陷阱，為不信也。噫！人居塵世，全藉五常，知而故犯，又何足為人。」的確，仁義禮智信從來都是中國人最講究的五常規範，但在蘇東坡看來，只要一殺生，這五常便全都被破壞。如此一來，整天再怎麼高喊仁義道德，但在桌上的雞鴨魚肉面前，也不得不暴露出虛偽、貪婪、兩面的醜陋面目來。

藏密素食觀

不唯蘇東坡一人如是，大量的古代文化精英都把吃素與一個人乃至一個社會的人格健全、道德完善、人與自然及人文環境的和諧統一聯繫起來。如戰國時期的大思想家孟子就這樣說過：「君子之於禽獸也，見其生，不忍見其死；聞其聲，不忍食其肉，是以君子遠庖廚也。」孟子在這裡向所有的「君子」們提出了一個非常嚴肅的問題：你們怎忍心看著那些剛才還活蹦亂跳的生命，轉眼就

被殺害呢？既然牠們與我們一樣有生死，會哀號，君子們又怎忍心吃牠們的肉呢？對此，我們不禁也要問上一句：君子之所以為君子，難道就表現在勇敢地殺害那些禽獸上嗎？這到底是君子之行，還是野蠻之舉？

一代詩聖、唐詩代表人物之一的杜甫，在一首詩中這樣哀嘆道：「干戈兵革鬥未止，鳳凰麒麟安在哉？吾徒胡為縱此樂，暴殄天物聖所哀！」如果我們還是這樣一意孤行地放縱胡為、暴殄天物而不知休止，過不了多久，別說鳳凰麒麟難覓蹤跡了，怕是烏鴉麻雀都得了無影痕。到那時又該誰來可憐我們、替我們感到悲哀呢？

唐朝詩人、新樂府運動的倡導者白居易，也在其詩中如是歌詠道：「誰道群生性命微，一般骨肉一般皮，勸君莫打枝頭鳥，子在巢中望母歸。」其體恤群生之情讀來不禁令人悄然落淚。

另一位唐朝著名詩人杜牧於其詩中亦感嘆並勸請道：「已落雙雕血尚新，鳴鞭走馬又翻新。勸君莫射南來雁，恐有家書寄遠人。」儘管現在已沒人選擇大雁以傳書了，但杜牧於此詩中流露出的殷殷悲心、拳拳深情，依然值得每一位現代人掩卷深思。

大詩人蘇東坡另有一首感人肺腑的詩篇：「鉤簾歸乳燕，穴牖出癡蠅。愛鼠常留飯，憐蛾不點燈。」為何要把簾子鉤起來？只為那小燕子能自在地飛回。為何要打開窗戶？只為那可憐的蒼蠅能飛出去。為何要把飯留

藏密素食觀 附 紅塵中的佛光等

下一點兒來？只為那老鼠能從容地享用。為何天黑了卻還不掌燈？只為憐惜那總愛撲火的飛蛾。讀罷這首短詩，一股濃濃的憐愛萬物之情禁不住油然而生。真心希望那些飯桌上的狼吞虎嚥者們，都能靜下心來細細品味一下這首洋溢著溫情、洋溢著人性美好之光的詩篇。

宋朝另一位詩人、書畫家黃山谷也有詩云：「我肉眾生肉，名殊體不殊。原同一種性，只是別形軀。苦惱從他受，肥甘為我須。莫教閻老判，自揣看何如？」此處，黃山谷已向那些食肉者發出了嚴正警告：切莫等到地獄審判之時才叫苦不迭、後悔不已！

明朝詩人陶望齡也表達了與黃山谷大致相近的思想：「物我同來本一真，幻形分處不分神，如何共嚼娘生肉，大地哀號慘煞人。」

陶望齡給我們描繪出了食肉的悲慘景象與後果：同根相煎、大地哀號。而近代律宗的傑出祖師弘一大師則向每一個人都發出了義正詞嚴的質問與號召：「始而倒懸，終以誅戮。彼有何辜，受此荼毒？人命則貴，物命則微，汝自問心，判其是非！」「是亦眾生，與我體同，應起悲心，憐彼昏蒙。普勸世人，放生戒殺，不食其肉，乃謂愛物。」

從現階段人們食肉的具體目的與狀況來看，除了貪圖味覺享受、錯誤地以為食肉有益身體健康及延年益壽、誤認為肉類食物可提供高營養及能量等幾種具有普

藏密素食觀

遍性的情況以外，還有一些人的殺生食肉則純屬虛榮心、好奇心、獵奇心、野蠻性格及變態心理使然。他們已不滿足於為了口腹之欲而殺害眾生，這些人在其陰暗心理的推動下，將目光瞄準了一大批無辜的生靈。有些巨富為了表示自己已嘗盡人間百味，「普通化」的雞鴨魚肉、龍蝦海鮮已無法與自己的高貴身分相稱，於是便將嘗試的範圍轉移到一些極其罕見的動物身上，所以才會出現所謂的孔雀宴、猴腦宴、穿山甲宴等許多駭人聽聞的珍稀動物宴席。一些暴發戶們還競相以吃過大象肉、羚羊肉等動物肉類相標榜，如果不是因為有動物保護法規的震懾，這些人恐怕連大熊貓都要吞進肚中了。這幫人並不是單純貪著野味的滋味，他們更願意咀嚼的其實是自以為與眾不同的所謂身價的滋味。在變態虛榮心的驅使下，此等少數分子在殺生取食的邪道上已越走越遠。

還有一些外顯「勇武」實則野蠻無比、愚癡無比的人，為了證明自己的男子漢氣概，竟也將屠刀指向了那些無有絲毫反抗能力的動物們。真不知他們懂不懂什麼才叫真正的勇敢——勇敢絕對不意味著屠殺眾生、殘害弱者，它代表的是一種勇於戰勝自我的品性，戰勝自我的無明，克服前行道路上的一切違緣與障礙，無私無畏地幫助那些深處困境而又無力擺脫的眾生！在殘忍地以刀做血肉遊戲的過程中，這些人嘗不到任何勇敢的味道，只能加重自己心裡那嗜血、冷酷的人性殘缺面的發

藏密素食觀　附　紅塵中的佛光等

展。假如他們真如魯迅先生所言，以為瘡疤、癰腫豔若桃花的話，那我們只能以無限悲憫的心情，等他們將來墮入地獄後去自去欣賞那鮮血淋漓的地獄景觀吧。

現時代的人們，其心相續中可謂充滿邪知邪見，這與人們所處的環境、所受的教育、所沿襲的傳統習慣都有關係。而人們最缺乏的正知正見則是慈悲心，不管口頭上人類如何高唱平等、博愛，如果這種平等與博愛的推廣領域只限於人類自身的話，這種觀念就絕對談不上是慈悲的表現。當大量的醫生一邊冷漠地活體解剖各種動物、研究牠們還在蹦跳的心臟與掙扎的肉體，一邊又滿腔熱情地試圖以此方式洞悉人類健康的全部奧秘、為人類的福壽綿長做出貢獻時，我們不能不悲哀地說——這種只以人為主、為重心的價值觀、道德觀，實在是對人類自身的最大諷刺！因為我們把痛苦、鮮血、殺戮、離散留給了動物，留給了大自然，而把單方面的所謂健康、幸福、成長、滿足留給了自己。當我們的快樂是建立在別的眾生的死亡、犧牲上時，我們所建立的一切道德準則、標準，馬上就與徹頭徹尾的虛偽畫上了等號。我們整天溫情脈脈地營造理想的人類道德大廈，但這大廈的基礎本身就是殘缺不全的，因它把與我們密不可分的自然完全拋開了，或者僅僅把自然、動物界當成我們的奴隸與腸胃消化物。難道我們竟沒有意識到自己原來是一個狹隘的兩面派？以後我們還有臉面面對人類的下

藏密素食觀

一代嗎？——剛剛還在教育他們要追求美好、溫馨、善良、圓滿的人生境界，但自己轉過臉去就開始張開血盆大口撕扯動物們的屍體。因此我們說，不解決殺生食肉的問題，人類就永遠擺脫不掉自身在道德處境上的尷尬、兩難局面。

環顧當今時代，和平與發展已成為全人類共同謀求的未來目標，既如此，那我們就必須想方設法把一切有礙和平與發展的因素都消滅在萌芽狀態。而真正的和平絕不可能依賴槍炮、原子彈以獲取，也不可能靠外在強制約束以維護。和平的根本保證就在於人心——一顆調柔、平和、充滿慈悲與愛意的心，這才是保障我們所生存的地球不致被人為毀滅的唯一正因。那麼慈悲從何而來？和平又如何得以實現？英國智者華而緒博士的話可謂一語中的：「要想避免人類流血，必須從餐桌上做起。」印度聖雄甘地同樣高屋建瓴地指出：「我的確覺得人類要增進精神生活，必須停止只為滿足一己之口腹之欲就屠殺動物的行為。」

可能有人會覺得，把和平及精神境界的昇華與不殺生扯在一起未免太過牽強，持這種看法的人其實還是沒能理解吃素、戒殺的究竟意義與功德——那已不單純是一個飲食習慣的改變問題，它牽涉到如何看待前生後世、如何看待如母有情等一系列關乎佛法本質的方面。即就是從世間角度而言，吃素對一個人善良品格的養成

也有著不可忽視的正面影響。我們很難設想一個嗜好宰殺眾生的人，會對和平表現出多麼真誠的渴望與尊重。如果有，恐怕那種真誠也應該叫做真誠的做作吧！

在我們所生活的時代環境中，如果一個孩子出於好奇或某種陰暗心理而解剖了某個動物，只為看看牠的身體構造，看看牠和我們是如何得不同，那麼一般說來，家長、老師可能不會嚴厲地斥責他，反而會誇獎他善於觀察、勤於動手，長大了說不定能當生物學家或醫學家。這就是我們所面臨的教育實際，特別是在某些地區。很多人們習以為常的做法、看法、觀點，其實都是在鼓勵殘忍、鼓勵虐待、鼓勵種種事實上的不平等、鼓勵自我中心、鼓勵人類至上主義、鼓勵破壞生態平衡、鼓勵麻木、鼓勵對生命的冷漠……一代又一代這麼發展下去，這麼積累下去，很多非常可怕的人性醜陋面與人性弱點就會漸漸固化為類似遺傳基因那樣的東西。我想任何一個理智健全的人都會預見到這種景象：假如一個人的慈悲心只被引導到有限的同類身上，那麼由於缺乏廣闊胸襟及宇宙、人類、環境整體觀念的緣故，這種慈悲心很有可能會越變越小，它的施用範圍將越來越局限在自己的親人及至自己一人身上。

人道主義提倡的雖是關注人類幸福，但若它的基石僅僅停留在「人」這一概念上的話，我想所有改革社會的人道主義方案最終都難逃走不出死胡同的困境——走

藏密素食觀

來走去，它們又回到了自我這個基點上來。而千差萬別、無窮無盡的自我，假若各個都執著自我的話，人道主義所設想的一切解決人類困境的方案，都將無法實現。因為它一開始就缺少了佛法所強調的那種徹底的無我智慧，因而永遠也達不到同體大悲的高度。達不到這種境界，人類就只能在有限的範圍內暫時解決一些局部問題，但它絕不可能究竟解決人類所面臨的一切問題，因它思考問題的出發點就是殘缺不全的：只關注人，而沒有意識到人、動物、植物、整個大自然都是一體並且平等的。只有突破狹隘自私的人類唯一觀點，或有限的人類恩賜自然、掌控自然、支配自然、調整自然的觀點，我們才能求得人類與環境的永久和諧。

　　一個自私的人，即便他暫時出於利益需要而同其他人和睦相處、共同發展，但如果他的本性不加以改變的話，一旦牽涉到個人的根本利益，他是絕不可能向利益對手屈服的。而這正是我們翻來覆去論說吃素問題的目的之一——借著吃素，我們得以身強體健；借著吃素，我們可以學會善待動物；借著吃素，我們可以引發自己潛伏已久的慈悲心；借著吃素，我們能夠習慣以平等的眼光看待萬事萬物；借著吃素，我們終會發現世界並非是為自己一人而存在的，我們和世界原本就息息相關……

　　吃素，是使人道主義不致發展為個人至上主義的重要一步。還是達·芬奇說得好：「鄙視生命的人，不配擁

有生命。」一個鄙視眾生並進而殺生的人，絕對不是一個完整意義上的人。關愛自己，就應該學會關愛眾生，否則你便不配擁有生命，因生命豈有高低貴賤之分，又哪裡容你親疏有別！對任何一種生命的踐踏、殺戮，都是對生命整體的嚴重破壞。你在殺害生命的同時，也就等於把刀子架在了自己的心上。

是將殺戮進行到底，還是從現在開始戒殺食素？這是擺在每一個人面前的緊迫而又嚴肅的問題。我只能說因果自負，選擇權當然在每個人自己手中。但我誠摯地希望，這世界能少一些血腥，那樣大地才能多一些祥和。當湛藍的天空不再有恐怖陰雲密布的時候，和平鴿一定會在人們的頭頂自由、恆久地飛翔！當廣袤的原野不再是一片屍橫遍野的屠宰場時，生命的鮮花一定會在人們的心田裡盡情、絢爛地綻放！

最後，讓我們一邊品味二百多年前的一代大成就者普賢利他（菩提金剛）之諦實語，一邊跟著他共同發願。更希望所有人都能隨時隨地地發此殊勝大願，或經常念誦此願：

「祈禱、皈依被稱為三寶三根本之本性的諸大殊勝上師之身、口、意、功德及事業之匯聚體，並求加持！願能成就此處我所發之願：

願我生生世世中不對任何眾生生起、做出一絲一毫的惡心與惡行；願善良的心相續能似江河般綿延不絕；

藏密素食觀

除去享用金剛密乘之清淨薈供外，願我不貪戀、接觸一切眾生之血肉等不淨食物！

如是大願，願我能恆時憶起，恰似當下發願一般清晰！

若不具足功德亦不能遠離過患時，願我不要享用哪怕僅如芝麻許之欠債黑財！

願我能為任一眾生捨棄自身三門，且在這一過程中，絲毫障礙亦無有！

此願詞乃因不變法性及有法因果不虛之真諦力而得以遠離自欲境界，願所發誓願能實現！

以三寶之真諦力願能實現此願，以諸大殊勝上師之真諦力願能實現此願！

我普賢利他於臨死之前發下此願，並由龍薩記錄成文。以此善根，願所有有情皆能獲得真實利益。」

上述藏密素食觀，乃依聖言正量語，
加之自心所認識，為斷肉食而撰著。
遊園賞景雖愜意，奈何總有日落時，
人世繁華徒紛飛，如泡肉身亦非久。
唯願我離人間後，多有眾人閱此書，

藏密素食觀 附 紅塵中的佛光等

讀罷戒殺斷害命，饒益可憐諸有情。
願我生生世世中，不論直接或見解，
均不損害一眾生，且棄邪命持正法。
願凡見聞觸憶者，相續生起菩提心，
無勤利益無量眾，早獲圓滿正覺位。

以饒益有情之心，為自他皆能斷除不淨肉食，藏僧索達吉遂於雪域聖境——色達喇榮五明佛學院撰著此《藏密素食觀》一書，願增吉祥！

公元二〇〇三年四月二十日

藏密素食觀

僅有借鑒與研究是不夠的
—— 幾位中國現代文學巨匠的佛教情結初探

頂禮本師釋迦牟尼佛！

從中國古代文學到現代文學，在其幾千年輝煌而燦爛的發展史上，總能讓人深深感悟到佛教思想無處不在的影響。如果要開列一份受佛教影響的作家名單，這份名單可能會很長很長：從謝靈運、陶潛、李白、白居易、蘇東坡、陸遊等大家一路下來，一直到清末民初的章太炎、梁啟超，再往後，又有魯迅、老舍、鄭振鐸、周作人、郁達夫、許地山等人，倘能細細梳理一遍，你將震驚地發現——幾乎所有流光溢彩的文學大師們，身上或多或少都浸潤著佛法的氣息。

這種現象其實也不難理解，如果說對藏族文化而言，離開了佛教也即離開了藏文化得以孕育的母體，那麼對漢族人創造的中原文化來說，佛教文化同樣是中國文化品格及特徵的重要構成要素。原本儒、釋、道就是漢文化的主導精神養料，我們實在很難想像離開了佛教的中華文明會呈現出怎樣怪異而單調的一種景觀。

對我而言，寫下這個題目並不意味著要以佛教的眼光硬性套住即將展開論述的幾位作家，也絕不代表一相

藏密素食觀　附　紅塵中的佛光等

111

情願、生拉硬拽地賦予他們本身並不存在的某種特質。我只是想就我的理解，客觀剖析一下他們心中的佛教情結。如果放下固有成見、偏見的話，相信你也會認同從佛教文化角度對他們作品與思想所做的分析。

選擇出來的幾位作家分別是魯迅、老舍、周作人、鄭振鐸、豐子愷、葉聖陶、金庸等人，如果真要展開論述的話，恐怕幾本專著也難以涵蓋其內容。況且我原本就是中國文學史的外行，只能就手頭所掌握的一些來自文學史或網上的相關資料，大概談一談自己的粗淺看法。故而這裡暫且略分為六大塊，概而言之：一、對佛教所持有的親切恭敬的親近態度；二、對高僧高山景行的敬仰及自己所受的影響；三、對佛法的歎為觀止及佛法與自己文化、社會理想的形成之間的關係；四、對般若智慧的個人感悟；五、對佛經的文學式借鑒；六、種種遺憾。希望此文的分析能為讀者朋友們打開一條思路，當你們以後也能登臨佛法的絕頂，那時再俯看世間風景，恐怕也會是別有一番滋味在心頭了。

一、對佛教所持有的親切恭敬的親近態度

儘管大多數現代作家並不信仰佛教，也從未皈依過三寶，但這並不妨礙他們以恭敬、親切的態度看待佛教，並從中汲取自己所需的人生養料。每當看到他們對

僅有借鑒與研究是不夠的

待佛教文化的恭謹態度，我就不由自主地要聯想到當今社會的許多人在面對佛教時所表現出的那種因無知而來的無畏。當他們汪洋恣肆地妄加議論、誹謗佛法僧時，真希望這些文學巨匠們的行為風範能多少給他們一點警示作用，因這些巨匠們大多也並非是佛教徒。

我的現代文學修養絕談不上深厚，但我也知道鄭振鐸（1898-1958）是一位非常著名的作家和文學史家，《插圖本中國文學史》、《中國俗文學史》等文史著作即是其代表作。曾經看過他的《大佛寺》，內中寫道：「你是被圍抱在神秘的偉大的空氣中了。你將覺得你自己的空虛、你自己的渺小、你自己的無能力，在那裡你是與不可知的運動、大自然、宇宙相遇了。你將茫然自失，你將不再嘻笑了。」接著他又深深感慨道：「那些信仰者是有福了，呵，我們那些不信仰者，終將如浪子似的，似秋葉似的萎落漂流在外麼？」

每每看到這些文字，我都要思索再三，一種強烈的感覺於是便越發明晰起來。看來真是應驗了那句話「卑鄙是卑鄙者的通行證」，換一個詞就成為「愚蠢是愚蠢者的通行證」了。面對深不可測的佛教文化，鄭振鐸一如既往地保持了他作為一個文史學家所秉承的那種寬宏與實事求是的氣度。他並沒有在面對一個在他看來頗顯神秘的未知領域時，輕下斷言、人云亦云，也沒有以自詡的全知上帝的身分簡單粗暴地剝奪被審視對象的發言

藏密素食觀　附　紅塵中的佛光等

113

權。一個智者之所以成為一個智者，並不在於他先天就全知全能，而在於他首先承認自己的無知，然後再虛懷求知。鄭振鐸以對佛教文化的仰視，而深刻感受到個體凡情俗智的局限，也因此為後人留下了可評可點的一段往事。

如果說鄭振鐸是以對佛教的恭敬而靠近佛門的話，葉聖陶則仿佛憑著一種天然的親近感自然領略到佛教的萬千氣象。

葉聖陶（1894-1988），原名葉紹鈞，現代作家、教育家，代表作有《倪煥之》、《多收了三五斗》等。在他那篇膾炙人口的《兩法師》一文中，葉聖陶這樣鋪陳自己欲拜見弘一法師時的心情：「在到功德林去會見弘一法師的路上，懷著似乎從來不曾有過的潔淨的心情，也可以說帶著渴望。」而一星期以前親睹弘一法師慈顏的印象，又是如此親切地被他呈現在讀者面前：「第三輛一霎經過時，我見坐著的果然是個和尚，清臞的臉，頷下有稀疏的長髯，我的感情有點激動，他來了！……」讀到這裡，我們仿佛已隱約聽到了一個文學青年那熱烈而率真的心跳。

由於種種因緣，許多人並不具備對佛教、對高僧的天然親近感，這倒沒多大關係。最重要的是，對於一種代表世出世間究竟智慧的理論及實踐體系，我們沒有任何理由不加研究就輕率毀謗。既然許多世間偉人都認為

僅有借鑒與研究是不夠的

興趣是最好的老師，那麼如果我們想要深入佛法，並從中有所收益的話，保持一種親切的恭敬感應該不算過分的要求。時間會證明：你親近的是一種能徹底將你從痛苦中解脫的法門。原先那種朦朧的親切感的產生，是因為這種法門並不是外在於我們的一種上天的恩賜，或別人智慧與經驗的結晶，而是源自我們本性的一種流露，只不過漫長的輪迴早已風乾了我們的記憶而已。

再次回家，對一個遊蕩天邊的浪子來說，怎能不倍感親切、熟悉！

二、對高僧高山景行的敬仰及自己所受的影響

許多現代文學的巨擘們都有自己所尊崇的高僧大德，這些作家可能暫時還接受不了佛法奧義，但對於一些高僧大德的德行風範卻仰慕不已。「佛法不離世間覺」，掌握了佛法精粹的僧侶們，以其圓融不二、表裡如一的行持，將佛法的悲智情懷滲透進全身的每一個細胞，使得所有與自己結緣的眾生都感覺如沐春風，有緣眾的善根苗芽因此而得以在和風拂面的氛圍中被催生。

榜樣的力量是無窮的，更何況為這種榜樣提供精神指導的是佛法。對一個真正的修行人來說，釋迦牟尼佛六度萬行的行跡，特別是其將捨生取義、捨己為人之悲與看破、放下之智合二為一的大智大勇，是他們永遠追

求的境界與高標。正因為如此，沉浮於名利世海、搏擊於煩惱痛苦深淵中的文人們，才會在這些大德身上恍然感受到一種別樣的生命存在形態、一種自在而舒展的灑脫情懷、一種悲天憫人的不竭悲心。在萬丈紅塵中，這種種的特質是那麼的令人神往，似乎遙不可及，實際又近在咫尺，心中的那點隱蔽已久的情愫，終因坐在眼前的這位僧人的言談舉止而被激活了起來。

現代著名散文家、畫家豐子愷（1898-1975）與弘一大師之間的故事，想來大家都已耳熟能詳。身為現代律宗祖師的大師，以自身一絲不苟的嚴謹修持、護戒如目的清淨行為，將豐子愷這位創作過《緣緣堂隨筆》、《漫畫阿Q正傳》、《護生畫集》等作品的知識分子的那顆曾經散落外逸的心漸漸歸攏到菩提道上。在《佛無靈》這篇散文中，他一方面闡釋了佛教戒律中戒殺護生的觀點，一方面又表明自己心中的佛教絕不是那些與世間迷信混同在一起的神神道道的東西。他還稟承其師恪遵律令的嚴格風範，痛斥了混進佛教隊伍中的一些假慈悲、假仁義之徒。他這樣寫道：「這班人多數自私自利、醜態可掬，非但完全不理解佛的廣大慈悲精神，其我利自私之欲且比所謂不信佛的人深得多！他們的念佛吃素全為求私人的幸福，好比商人拿本錢去求利。」他還擲地有聲地說道：「信佛為求人生幸福，我絕不反對。但是，只求自己一人一家的幸福而不顧他人，我瞧

僅有借鑒與研究是不夠的

116

他不起！」

再回到葉聖陶的《兩法師》一文中。葉聖陶當年除了拜見弘一大師，還隨大師拜見了二十世紀淨土宗最著名的代表——印光大師。而弘一法師對印光法師的畢恭畢敬，給葉聖陶這個年輕人留下了極為深刻的印象：「他（弘一法師）從包袱裡取出大袖僧衣來，恭而敬之地穿上身，眉宇間異樣的靜穆。」然後對印光法師「屈膝拜伏，動作嚴謹且安詳」，此種風範自然使葉聖陶感覺「心裡肅然」，於是兩位法師的整體印象便在他心中刀劈斧刻般鑄造而成：「弘一法師與印光法師並肩而坐，正好絕好的對比，一個是水樣的秀美、飄逸；一個是山樣的渾樸、凝重。」我並不太清楚葉聖陶後來的宗教傾向，但我相信，弘一大師與印光大師這兩位律宗、淨土宗的碩德，一定會在葉聖陶的心中留下永不磨滅的印痕。就像是地平線上的一線曙光，雖然遙遠，但註定會燃成漫天飛動的朝霞。

而老舍先生與宗月大師的情感就更是令人為之動容。

老舍（1899-1966），原名舒慶春，滿族人，現代小說家，劇作家，代表作有小說《駱駝祥子》、《四世同堂》、《我這一輩子》等，以及話劇《龍鬚溝》、《茶館》等。這位日後被譽為「人民藝術家」的文學大師，其最初的文學啟蒙就得益於一位佛門中人。

藏密素食觀　附　紅塵中的佛光等

宗月大師俗姓劉，1925年出家，用老舍先生的話來講，就是一位「金子裡長起來的闊少爺」，在樂善好施、扶危濟困、皈依佛門後，終於成為了一座大寺的方丈。對老舍來說，如果沒有宗月大師當初的鼎力相助，憑他幼時的貧寒家境是根本無力邁入學堂的。老舍自己曾回憶過當時大師送他入學的情景：「有一天劉大叔偶然的來了……一進門，他看見了我，『孩子幾歲了？上學沒有？』他問我的母親……等我母親回答完，劉大叔馬上決定：『明天早上我來，帶他上學，學錢、書籍，大姐你都不必管！』我的心跳起多高，誰知道上學是怎麼一回事呢！第二天，我像一條不體面的小狗似的，隨著這位闊人去入學……」

從中我們可以清楚地知道，老舍作為文學巨匠的第一步，完全是在宗月大師的攙扶下邁出的。沒有這決定性的最初扶植，也絕不會有老舍日後的發展。也就是說，宗月大師完全改變了老舍的一生。這樣看來，一個出家人的善心與品行，不可能不對老舍的身心世界帶來強烈的撞擊。他在自己的一生中，也一直把宗月大師當成學習和效仿的楷模，以至於老舍摯友蕭伯青在聽了「宗月大師」的事蹟後，脫口而出的第一句話就是：「老舍先生就是宗月大師。」在蕭伯青看來，宗月大師身上的慈悲情懷等佛家品格，與老舍本人助人為樂的品性實乃一脈貫通。

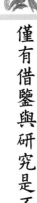

僅有借鑒與研究是不夠的

118

老舍在《宗月大師》這篇散文中，飽含深情地禮讚道：「他是坐化的，火葬後，人們在他身上發現了許多舍利。沒有他，我也許一輩子也不會入學讀書；沒有他，我也許永遠想不起幫助別人有什麼樂趣與意義。他是不是真的成了佛？我不知道。但是，我的確相信他的居心與言行是與佛相近似的。我在精神上物質上都受到過他的好處，現在我的確願意他真的成了佛，並盼望他以佛心引領我向善，正像三十五年前，他拉著我去私塾那樣！」

　　不用更多的語言，讀者朋友們一定感受得出，在老舍心中，佛陀其實並非如世間君主一樣高高在上，用威嚴而不可企及的目光蔑視著腳下的芸芸眾生。在老舍的生命之旅裡，佛就是如宗月大師一樣善良、覺悟的人。

　　而這樣的佛教修行人還很多很多，我們要做的只是摘下自己的有色眼鏡、拋開自己的貢高我慢，平靜而謙和地走近他們。如果我們要感受真誠、無私的人性風采，欲採擷光芒四射的智慧花朵，與這些被佛教浸潤的有修有證的人們來往，應不失為一條通達目的地的令人賞心悅目的捷徑。不要把絢爛至極後的平淡當作平庸，也別把令人不辨東西的繁華市井誤認作人生的本來風景！去感受一下真正佛子們的天地吧。

藏密素食觀 附 紅塵中的佛光等

三、對佛法的歎為觀止及佛法與自己文化、社會理想的形成之間的關係

魯迅先生（1881-1936），原名周樹人，字豫才，他是中國現代文學的奠基人及最偉大的代表之一，代表作有小說《狂人日記》、《祝福》、《阿Q正傳》等，以及散文詩集《野草》。作為一代文壇領袖的他曾再三讚歎過：「釋迦牟尼真是偉大的聖哲。」究其原因，就在於令魯迅倍感困惑的有關社會人生的眾多難題，在釋迦牟尼佛那裡早就有了圓滿的答案。所謂佛，也即覺悟者的意思，佛法則是覺悟者所悟出的宇宙真諦及通達這一真諦所必經的階段、必須採用的方式。

其實不光是魯迅等文學巨匠，進入19、20、21世紀後，越來越多的東西方自然科學家、哲學家、道德倫理學家乃至普通民眾，都開始漸漸深入佛法這塊寶藏，並日漸對其博大而精深的思想體系發出由衷的讚歎。特別是對天體物理學家及微觀粒子學家而言，只要他們以種種因緣稍涉佛法，最終的結果便只能是被佛法感化。佛法對浩瀚宇宙的揭示、對無方微塵與無分剎那的描述，及至最終揭示出的萬法為空，都是這些宏觀微觀物理學家苦心孤詣、多年深研所可能觸及到的微少部分及皮毛，是他們日後繼續科研的唯一正確方向。

當把目光從浩淼星空、生命微粒、分子夸克等領域

僅有借鑒與研究是不夠的

轉移到紛紜複雜的大千社會時，佛法高屋建瓴似的洞悉力，再次向世人展示了它穿破一切世俗癡暗的慧日之光，所有千纏萬結的社會網絡、千奇百怪的人生況味，都可以在佛法的觀照下豁然開朗。一切對此有所懷疑的人，就請你自己打開一本佛經細細品味吧！

有一本資料匯編上記下了老舍的這段回憶：「前十多年的時候，我就很想知道一點佛教的學理，那時候我在英國，最容易見到的中國朋友是許地山……所以我請他替我開張佛學入門必讀的經書的簡單目錄——華英文都可以。結果他給我介紹了八十多部的佛書。據說這是最簡單不過，再也不能減少的了。」他又說道：「佛經太深，佛經太美，令人看了就有望門興歎之感！」「倘若給予我十年或五年的工夫去念佛經也許會懂得一點佛理，但這機會始終就沒有。」

從中我們可以看出，老舍終其一生也未放棄過對代表真善美的佛法奧義的追求，只可惜因緣不濟，這位文化偉人始終都未能探得佛法堂奧。他雖在組織上加入了基督教，但明眼人不難看出他對佛教文化所懷抱著的那種濃得化不開的特殊感情。這種對佛教的情感傾向，極大地影響了老舍的人生哲學。他在一次演講中就說道：「佛陀告訴我們，人不只是這個『肉體』的東西，除了『肉體』還有『靈魂』的存在，既有光明的可求，也有黑暗的可怕。這種說『靈魂』的存在，最容易激發人們

藏密素食觀　附　紅塵中的佛光等

121

的良知，尤其在中國這個建國的時期，使人不貪污，不發混賬財，不做破壞統一的工作，這更需要佛教底因果業報的真理來洗滌人們貪污不良的心理。」他還希望「富於犧牲精神的和尚們，發心去做靈的文學底工作，救救這沒有了『靈魂』的中國人心」。

老舍說到底還是一個典型的中國文人，其受儒、釋、道的影響遠遠大於基督教的洗禮。而在他拯救社會人心的方案中，我們明顯可以看到佛教的因果業報學說在其中所占據的分量。對任何一個處於轉型期的社會而言，為避免既有的人倫秩序大混亂、大顛覆局面的出現，為填補新的更有力而合理的道德規範產生之前的這段真空，明智的老舍與許多知識分子一樣，自覺地將目光投注在了佛教上。

的確，法律永遠只能是外在於人的一種強制約束，它可以借助監獄等國家強權機關，將所有試圖對既有社會秩序、結構、國家意識形態等方面進行逾越、叛逆、顛覆的無法無天之人強行約束起來，甚至剝奪其生存權、發言權等所有自然及社會權利。但人的一切外在行為全都聽憑心的指揮，而法律在面對人心時則顯然無能為力。你可以斬斷一個人的手腳，但你永遠無法斬斷一個人的心識。對心這匹野馬來說，佛法無疑是最好的馴馬師，特別是它的三世因果思想。

有了這種思想，心就有了一道最有力的閘門，不至

僅有借鑒與研究是不夠的

於再恣肆氾濫。既然因果律是整個自然界、人類社會顛撲不破的一個真理；既然大家又都承認因緣必須聚合才會產生果報，而有時這種因緣的聚合則需要我們等待漫長的時間；既然自然界遵循能量守恆定律，一種能量不會突然斷滅，轉換了形式後，它還將繼續存在，那我們又有什麼理由反對佛法的因果報應之說？所謂轉世只不過就是你那些因條件不具備所以暫時未報的業，換一種生命存在形式（也即載體），以繼續它未竟的因果之旅而已。

既如此，最嚴厲的懲罰當然不可能來自外部；我們的一切行為都必須為自己負責，因為自己造業自己承擔，誰也替換不了，也不可能錯亂。老舍正是看到了這種內在約束所可能具備的力量，才大聲疾呼借助佛法的因果律去改造人心、匡扶正義。假如人人都明白因緣果報毫釐不爽的道理，那他還會肆無忌憚地任意胡為嗎？

每個人都在編織著有關未來、有關明天的夢，而我們憑什麼就可以確信明天一定會出現？既如此，那就不妨把眼光再放長遠一些，讓我們為來生好好籌劃一番吧。

老舍從切近社會的角度引入佛法的思想，試圖建構起他的理想基石，還有更多的文人以佛教的精神、佛法的真髓，試圖建構起一條通達新文化、新人格的通途。

梁啟超在他的《清代學術概論》一書中曾說過：

藏密素食觀 附 紅塵中的佛光等

「晚清所謂新學家者，殆無一不與佛學有關。」這句話透露出很重要的一點信息：要建起新文化的大廈，佛學絕對不是可有可無的一種擺設，它甚至就是支柱！那麼梁啟超又從佛學中借鑒了哪些思想呢？

在《唯心》這篇散文中，他發揮了一下「三界唯心」說：「境者心造也，一切物境皆虛幻，唯心造之境為真實。」既如此，所謂事物固有的屬性，也就不再可能是事物所固有的，而是人心觀照下的產物，正如「戴綠眼鏡所見物一切皆綠，戴黃眼鏡者所見物一切皆黃」。再進一步，他又引申道，人們之所以憂懼不已，或耽於享樂，根本就是不知自心、只被外物役使的結果，正所謂「知有物而不知有我謂之我為物役，亦名曰心中之奴隸」。全文主旨與「采菊東籬下，悠然見南山」的境界頗有些相通，都在告誡人們勿貪執外物、勿神被形役。只要息心除慮、少欲知足、隨遇而安、曠達自適，幸福自可永存於心，苦惱痛苦皆可息滅。這種思想肯定會對人們去除過多貪欲起到促進作用，梁啟超是能夠感受到思想的巨大作用的，因此他欲借助佛教以滌蕩物欲橫流的社會中，人性的種種貪執之處，使社會回復到一種相對簡單、單純的狀態。

可惜梁啟超大多數時候都是把佛教當成一種純學術，這種學術化的佛教又能有多少改造社會的物質力量？書齋中的佛法發展到極至也只能流於佛法的末梢，

它往往就會成為文人口中的清談，或者閑士茶餘飯後的精緻點綴，畢竟「能所兩忘」、「物我俱遺」的境界，還是很能供他們大談特談的。

書齋中的佛法什麼時候才能落實到社會中去呢？這恐怕是每一個有責任感的文化人都必須直面的問題。我的建議是：可否先從自己做起，把佛學與學佛結合起來？口頭上的巨人終究抵擋不了生死的嚴峻考驗。

讓我們把敍述重點再轉回到老舍身上。

在《四世同堂》中，他為我們塑造了一位剛正不阿的明月和尚。明月和尚在淪陷後的北平堅持抗日活動，影響並團結了一大批抗日積極分子，其中就有錢默吟。老舍借錢默吟之口說道：「雖然我不接受他的信仰，可是我多少受了他的影響。他教我更看遠了一步──由復國報仇看到整個地消滅戰爭。這就是說，我們的抗戰不僅是報仇，以眼還眼，以牙還牙，而是打擊窮兵黷武，好建設將來的和平。」「他是從佛說佛法要取得永生；我呢是從抗戰報仇走到建立和平──假若人類的最終的目的是相安無事的，快快活活的活著，我想，人也會得到永生！」

在這裡，我們已能比較清楚地看到，老舍對佛法同體大悲的思想已經有了較深的領悟。痛苦不堪的八年抗戰並沒有激發起他狹隘的民族主義觀點，這位藝術家在一片狼藉的廢墟上已開始思考嶄新的建設了。勝利並不

僅僅意味著打敗了日本侵略者，而是指永久消滅戰爭得以滋生的環境與軍國主義溫床；過去的痛苦不應該成為不堪承受的血肉記憶，站起來，向前看，人人都會從烈火中得到永生。

也只有佛法的無緣大慈、同體大悲的境界，才可以讓我們包容一切的流血與創傷，才可以讓我們心甘情願地通過犧牲而接近涅槃。老舍就顯現說來並沒有徹底證悟、通達生命的最究竟涵義，但他畢竟比別人更早地看到了荒原上的第一線天光。

還有一位很特殊的人物，暫時拋開他日後的政治歧途，我們只看他早期的一些思想，依然能從中看到佛法的影子，他就是周作人。

周作人（1885-1967），現代作家，「五四」運動時期文學革命的重要參加者，代表作有《苦茶隨筆》、《雨天的書》、《苦竹雜記》等散文集。此人一生都反對極權、專制、盲從，力主自由、寬容、平等，反對偶像崇拜的他很容易就在情感上投向釋迦牟尼佛的懷抱，因佛教本來就反對一個萬能的神操縱人類的命運這種觀點。

正所謂因果自負，決定人命運的力量就在一個人自己的起心動念、言行舉止上。幾乎所有的東西方宗教都有一個永恆的主題，那就是靈魂的救贖，但與別的所有宗教不同的是，佛教主張：從來就沒有什麼救世主，救

僅有借鑒與研究是不夠的

贖是個體自覺自願，並以自力為主的自我拯救。佛教從頭到尾講的都是自我的覺悟，覺悟自我的虛幻不實。就好像在六度之中，智慧度必須攝受其餘五度，否則就不可能達到究竟解脫。同樣，佛教認為人最需要的是看透世事無常的智慧，這種智慧可以由佛陀來啟發、點亮，但它絕不是某一位天神的特權，也不是這位天神的恩賜，而是源自我們失落已久的本性，故而心、佛、眾生才三無差別，只是覺與未覺、悟與未悟而已。

周作人同樣反對一切不能以理性來衡量、約束的宗教狂熱，堅決反對盲目崇拜，反對個體無條件地交出自己的思考權，拜倒在一個永遠在各方面都遠超我們、我們永遠也無法與其比肩的一位權威腳下。他對宗教的態度自然也延伸進他對政治制度的看法，所以周作人才極力反對假借一切形式進行的或公開或隱蔽的專制統治。在他看來，專制統治的民眾基礎就是迷信的大眾，方法就是移植宗教的一神論為實際政治生活中的一人、一個團體的極權專制。

而且周作人還深刻地意識到，對中國人而言，大多數底層民眾從佛教中吸取的恰恰不是佛法的思辨、理性、平等、慈悲、智慧等內容，而是硬把它降低到與自己的根基、民族性相適應的原始巫術的水平，因此他非常傷感地議論道：「習慣了的迫壓與苦痛，比不習慣的自由，滋味更甜美。」所以他才格外注重啟蒙民眾的理

藏密素食觀　附　紅塵中的佛光等

性、普及教育、推廣科學，打破偶像崇拜、懼怕權威等民族劣根性，自己做自己的主人，從迷失已久的獸道鬼道中步入「人道」。

周作人還有一個非常著名的觀點——「種業論」，用他的原話來說即為：「一國文明之消長，以種業為因依，其由來者遠，欲探厥極，當上涉於幽冥之界。種業者，本於國人彝德，駢以習俗所安，宗信所仰，重之以歲月，積漸乃成，其期常以千年，近者亦數百年……」

許多世間學者對種業論做出了種種分析，其實一言以蔽之，我們在這裡總能看出佛教中「共業」的理論苗芽。周作人認為中國人國民性當中的盲從、麻木、奴性十足、匪氣十足、勝者為王敗者為寇等等劣根性，都是一種精神遺傳。不過也就是在這裡，我們看到了周作人佛學思想的盲點。因種業的強大，周作人感覺到了整個中華民族種姓的先天不足，因而從根本上講，他大體是悲觀的，但真正的佛子絕不是這樣。

周作人看到了民族種業劣根性的存在，也即「共業」的強大，但他根本看不到個體的本質及個體真正意義上的行動完全可以徹底改變自他的全部生存實際。大乘佛法的精髓就在於，通過自利利他的種種行持，在佛陀的教法指引下，我們一定可以回歸人人本具、本有的清淨狀態。這種原始的無生狀態，沒有任何一種世間理論描述過；個體如何由於無明妄動而自陷輪迴，也沒有

僅有借鑒與研究是不夠的

任何一種世間學說揭示過；眾生如何去妄顯真，再度回歸本來面目，同樣也沒有任何一個理論家、實踐家摸索進正軌並最終通達目的地。大家基本上都是悲哀地看到在現在這一短暫的生存時日中，我們不知生從何來，由哪裡繼承下來這一大堆擺脫不掉的生理及精神遺傳特質；我們也不知死往何處去，絕大多數人都認為自身的種種自然、社會屬性，又會通過DNA再遺傳給下一代人。

從這裡，我想我們應該發現他以及一大批悲觀者的致命傷了。所以儘管他本人對未來尚保留有一定的希望，但我們總能感覺到這希望來的是那麼的蒼白無力，原因就在於他沒有看到「共業」中「別業」的力量。所有的怨天尤人、悲觀鬱悶都是生命中不能承受之重，因為這種種心態全是就事論事，沒跳出自身的框框，也沒把握住自身的本質。拔著自己的頭髮，你是離不開地球的。

四、對般若智慧的個人感悟

對大多數知識分子而言，佛法的智慧法門可能對他們的吸引力最大，著名作家金庸的一段話也許很具有代表性：「對於我，雖然從小就聽祖母誦念《般若波羅蜜多心經》、《金剛經》、《妙法蓮華經》，但要到整整

藏密素食觀 附 紅塵中的佛光等

60年之後，才通過痛苦的探索和追尋，進入了佛法的境界。在中國佛教的各宗派中，我心靈上最接近『般若宗』。」

說起金庸（1924- ），恐怕大多數人都不陌生。這位香港作家實在堪稱為港台新武俠小說的一代宗師，他使歷來只能作為通俗文化代表的武俠小說邁入一個新境界，並為其賦予了較高的歷史、文化視角，其代表作有《射雕英雄傳》、《鹿鼎記》等。

談到金庸對大乘佛法精華——般若宗的領悟，那還是經歷了一個漫長而痛苦的過程。在金庸的長子於美國紐約哥倫比亞大學自殺喪命後，金庸才開始接觸佛法，因他不相信兒子就會這樣突然消失，無影無蹤。剛開始時閱讀的是南傳佛教典籍，再往後又讀到《維摩詰經》、《楞嚴經》、《般若經》等。最初接觸大乘時，他內心也是滿懷疑惑，因「這些佛經的內容與『南傳佛經』是完全不同的，充滿了誇張神奇、不可思議的敍述，我很難接受和信服。直至讀到《妙法蓮華經》，經過長期思考之後，終於了悟——原來大乘經典主要都是『妙法』，用巧妙的方法來宣揚佛法、解釋佛法……《法華經》中，佛陀用火宅、牛車、大雨等等多種淺近的比喻來向世人解釋佛法……目的都是在弘揚佛法。」

他又說：「我經過長期的思索、查考、質疑、繼續研究等等過程之後，終於誠心誠意、全心全意地接受。

僅有借鑒與研究是不夠的

佛法解決了我心中的大疑問，我內心充滿喜悅，歡喜不盡——原來如此，終於明白了！」

金庸終於明白了，我不知道閱讀他武俠小說的讀者們，是記住了他所描述的刀光劍影，還是恩愛情仇，抑或別的什麼人生感悟？畢竟，透過表象直達本源是需要有一雙慧眼的。

說到魯迅，他與佛法之間的關係則要微妙、複雜得多。最吸引魯迅的是佛法的思辨智慧，許多人都感覺魯迅冷酷到底，直至臨去世時依然一個都不饒恕。有學者稱魯迅以否定為主的思維方式，頗有些類似於佛教中的「遮詮法」，否定一切，懷疑一切，不為假象迷惑，永遠保持最清醒的現實主義批判態度。更進一步講，魯迅已深刻體悟到在人類現存的世界上，特別是在他生存於其中的中國，並不存在什麼永遠正確、光明、永恆的理想，這種看似絕望偏激的態度，恰恰是他意識到人生也有涯，而改造社會永無止境的一種覺悟。

種種分析當然都各有其合理之處，不過嚴格說來，魯迅對人的探討大多是在人的社會屬性這一層次，而並未過多涉及人的本質屬性，或者魯迅以為人的本質屬性就是他的社會屬性。也就是在這一點上，佛法的甚深智慧與魯迅擦肩而過。因在佛法看來，人無我、法無我，人類社會的基礎——人本身即是一種虛幻的存在，在這種虛幻不實的存在之上，人的社會屬性等特徵就更是空

藏密素食觀 附 紅塵中的佛光等

中之空。而幾乎所有人都把人、社會、自然執為實有了，痛苦也就因此而生，能解除痛苦的種種法門也應運而生，當然它們的前提都是：所有痛苦都是實有的。

這麼說絕不意味著佛法是座空中樓閣，它自有它自己的特點及改造人與社會的方法，所有這一切都必須從認識自心本性及調伏自心開始。魯迅對人性醜陋一面的認識，其深刻程度是任何作家都無法逾越的，那麼醜陋的背後又是什麼呢？或者醜陋可否被逾越？不真正通達般若的甚深智慧，誰都無法回答這一問題。即就是你練就了金庸筆下江湖英雄的這個獨門武功、那個天下無敵劍，你還是擺脫不掉自身、社會、情感等的種種束縛。真正的自由與潔淨只能在佛法的般若智慧中追尋，因為只有它揭示了什麼叫空性，什麼叫光明，什麼又是無二圓融。

五、對佛經的文學式借鑒

從佛經當中吸取創作靈感的作家代不乏人，就現代作家而言，魯迅的《野草》應是最成功的典範。

首先《野草》中大量矛盾意象的設置，就頗有佛法中事物相觀待而存在的影痕。魯迅以直面自我的勇氣進行兩難式的靈魂拷問，在空虛與充實、希望與絕望、生死、人獸之中進行一輪輪的較量。曾有評論者這樣評價

僅有借鑒與研究是不夠的

132

道：「正是在這種艱難的自我否定中，魯迅超越了虛無和絕望，走上了徹悟之道。他在希望中洞察黑暗，又在絕望中發掘光明；他以絕望來補充希望，又以希望來照亮絕望，沉著從容，不驚不怖……魯迅經過互成互破的否定之後所達到的『空』，則是對有與無的對立性矛盾的超越與克服。表面上看似乎回到了起點，其實已發生了質的飛躍。也正因此，魯迅的否定不是走向消極悲觀的沉寂，而是走向了悲壯動人的拯救……」

那麼我們不禁要問，魯迅是以什麼樣的「質的飛躍」來進行這種「悲壯動人的拯救」？他又拯救了誰？他是不是就似上帝一樣，是國民性的改造者？

又有評論道：「20世紀前半葉，中國社會的黑暗混亂，文壇鬥爭的錯綜複雜，使得覺醒的知識分子在瞬息萬變的社會現實和日益尖銳激烈的階級鬥爭中飽受希望與絕望的折磨，在不可解脫的狂熱與頹廢的輪迴中，似乎只有魯迅保持了難得的冷靜與豁達，冷熱之間，從容不迫……」

在這裡，又有一個新的問題產生了：這種從容不迫是極端的韌性使然，還是真的看透世事無常後的豁達？佛教裡面經常提到大做空花佛事，這種態度與魯迅的「冷靜與豁達」區別何在？

這樣反覆提到魯迅並非是有意刁難他，只是為了引領大家能更深入佛法一步，自己體會體會，好好靜下心

來體會體會，佛法超越一切世間思想的最究竟之處到底在哪，因為魯迅無疑代表了世間智者最深刻的洞察力。

所以這節的標題才用：「對佛經的文學式借鑒。」

魯迅作品中最有名的一個來自佛經中的比喻就是「鐵屋子」，它直接就是從《法華經》中「火宅」的典故脫胎而來。佛經說過「三界無安，猶如火宅」，人們必須速出三界；魯迅則把一團漆黑、沉寂的中國社會比喻為窒息人生命的「鐵屋子」。不過細心的讀者會發現，在魯迅的心目中、筆底下，鐵屋子是外在於屋中人的，而佛經所設的「火宅」比喻，則因宅中人自性迷惑而有，又因宅中人自性覺悟而無，個中差異頗耐人尋味。

回到《野草》上來，這裡面的一些詞語都直接取自佛經，諸如：伽藍、刀山劍樹、無量、三界、火宅、牛首阿旁等；一些詞彙，如大歡喜、大痛楚、大悲憫等也多少透露出一些佛家味道；還有他明顯借鑒佛經中對地獄的描述而刻畫的《野草》中的人間地獄……

因而我們要說，即便一個作家只準備對佛經進行文學式的讀解與借鑒也只有百利而無一弊，佛經的語言、文字、句式、故事、意象、含義、想像、誇張、譬喻、象徵等等等等，任何一個方面相信都會對你有所啟迪。我們僅以想像為例：對一個文學家來說，與對一個自然科學家的要求一樣，用愛因斯坦的話來說，想像都是最

僅有借鑒與研究是不夠的

134

重要的特質。那就讓我們看看佛經中想像所能達到的深度吧——以《釋迦牟尼佛廣傳.白蓮花論》為例，佛陀現量照見，還不是依賴想像所觀照到的時空範圍，一個世間文藝家或自然科學家，就算張開想像的全部翅膀，再借助最現代化的計算、天文儀器，恐怕也難觸及佛陀耳聞目睹的皮毛。

佛經容納得下人類所有想像的集合！既然這樣，對任何一個追求創造性的作家、科技工作者來說，為什麼不能在佛經中去覓得想像的靈感呢？

六、種種遺憾

有些遺憾上文已有所涉及，還要再羅列的話，恐怕最大的遺憾則是：許多文學巨匠們還是沒能真正深入經藏，更沒能身體力行，將聞思修結合起來。這樣，佛法在很大程度上就變為了一種學術研究。而理論之所以有力量，就在於它能變為人們改造自身、社會的物質力量。

很多文人或驚歎於佛經文辭的奇譎，或驚訝於禪宗的直指人心，或流連於文字上的般若空性，或醉心於佛法對極樂世界的昭示，也有人試圖從中找到心靈的避風港；也有人拿它當一種風雅的點綴……可就是少有人按佛陀的揭示次第真修實煉，來一番出生入死的修行體

驗。這樣，他們只能將聞、思、修合一的學佛系列，或戒、定、慧三學統一的修行門徑割裂開來，成為文字上的舞蹈者。

想對所有的文學家、科學家說一句勸告的話：重要的不是從佛法中借鑒什麼東西好填充自己的人生基石、理論支架、社會理想；最切實也最究竟的做法，是在佛法的指導下看透自己以及宇宙真相，並以之而改造自他、圓滿人生。我們上文所列舉的幾位作家，他們自身的種種遭遇，有些甚至是很悲慘的遭遇，都在向我們表明──文學不是目的，文學家如果沉陷於其中的話，他就很難通過文學而直抵生存的本質與歸宿！

僅有借鑒與研究是不夠的

紅塵中的佛光
——演藝圈明星皈依佛門之剖析

頂禮本師釋迦牟尼佛！

在當前這樣一個充斥著邪見與欲望的社會中，直接向眾生講述佛法的甚深義理，恐怕不但打動不了多少聽眾，反而會引起一些愚癡者及懷抱極大偏見與誤解者的憎惡、厭煩、錯解甚或誹謗。在這種情況下，用人們喜聞樂見的方式、他們能夠理解並接受的語言和事例，在佛法的觀照下，既不失佛法本義，又方便善巧地隨順世人的思維習慣，然後再向廣大民眾宣講佛理，這種方法也許不失為一條行之有效的講法策略。故我在這篇文章中既以世間語言宣說不違佛法正理，且能完全印證佛陀所言的世間正見，並真誠希望一切有緣見聞觸到此篇文章的讀者，自此後都能在心相續中生起善妙之心及向道之意。特別是那些終生沉迷於娛樂圈中的人物，以及把全部身心都扑在明星身上的非明星的追星族們，也都能在心中生起真正的智慧與慈愛之意。

這篇短文主要闡釋一些明星的學佛之路及學佛心態，因時下畢竟有為數不少的演藝界名人皈依佛門。他們的目的及動機如何、閃光點或盲點又何在，這些問題相信也是不少讀者朋友們非常感興趣的。提筆行文之

前，我忽然想到了弘一法師，這位出家前曾也風光一時的文藝界名流。別的暫且不說，單是那首由他重新配詞的《送別》就不知使多少天涯遊子淚滿衣衫。「長亭外，古道邊，芳草碧連天……」每當耳邊響起這熟悉的旋律，人生自是常恨水常東的悲涼況味便不覺油然而生，無常的感覺頓時強烈地占滿心頭。

所以很是為李叔同後來的出家所感動，如果他繼續留在文藝圈的話，我不知道文學史上多一個或少一個李叔同，會對文學史產生多少致命的影響？但可以肯定的是，隨著他的出家證道，並成為現代律宗之祖師，不僅他自己，更有太多的有緣眾因之而得以走上徹底擺脫輪迴的菩提正道。是想讓幾首詩詞或幾篇文章在浩瀚時空中占據永不褪色的位置重要，還是自他的徹底覺悟與自在更有價值與意義？

現在，同樣有一些身處名利場中心位置的人跟上了弘一法師的腳步，他們的學佛向道之心同樣值得我們深深地為之讚歎並隨喜祝福。我原本對演藝圈的情況所知甚少，一個偶然的機會裡，我在網上看到一些明星紛紛皈依佛門的消息，從此後才開始陸陸續續地搜集某些相關資料，以下即主要依據這些資料展開正文之宣說。

曾有一位道友這樣描述她所觀看的一場演出的情景：「那個香港天皇巨星離開北京工人體育場後，我無意間掃視了一下偌大的演出現場，忽然發現場地上有無

紅塵中的佛光

數雙被擁擠的歌迷踩踏、擠丟的鞋子。」這幅畫面的確有些鏡頭感，可想而知那些狂熱的男女老少為一睹巨星風采，腳下是如何地拼命擠踹。

每當這個場景浮現於腦海中時，總有一抹苦笑不期然掠過嘴角，一種深深的遺憾同時便開始彌漫心間。不知道這些追星族們在丟掉鞋子的同時，還將什麼最應珍視的東西也一併失落。這種喪失理性的「忘我」，什麼時候才能用在它應該發揮作用的場合呢？

至於他們追捧的明星所屬之演藝圈，大概可算作這個世界上最令凡俗之士心儀的社會小階層了。單看看明星們每回出席新聞發布會或參加演出時的陣勢，你就能體會得出什麼叫紙醉金迷、什麼叫人頭攢動、什麼叫歇斯底里、什麼叫風光無限。這麼說絕無嘲諷觀者與被觀之明星的意味，只是想指出一個基本事實：演藝圈是一個巨大的名利場，能在內裡拋頭露面當然可謂名利雙收；即便普通觀眾也可借助別人的赫赫聲威，想像式地安慰自己的弱小心靈。特別是在演出現場，那種一浪高過一浪的吶喊、吼叫，完全可以讓一個人暫時忘卻自己作為小人物的真實處境，似乎在此時，自己與明星是一體的。

然而就在這處於萬丈紅塵最光耀之處的演藝圈裡，卻時不時傳來演藝圈明星們皈依佛門的消息，這陣陣涼風自然就與滾滾熱浪顯得有些不相協調，個中原因還需

仔細探究一番。

一、李娜的出家

　　對內地廣大歌迷來說，歌手李娜的出家可算是當年的一條爆炸性新聞了。1996、1997之際，正當李娜歌唱技藝處於巔峰狀態之時，她卻急流勇退，毅然決然地在山西五台山削去青絲、落髮為尼，後又到美國專志學佛。她的出家之舉應算是演藝圈人士中學佛、向佛的代表性個案，故首先在這裡予以闡述。

　　當時有一篇報道曾這樣議論道：「這不是一盞青燈古佛，毀了一生前程麼？」李娜的一位朋友則如是評論說：「李娜出家是她經過長期思考後做出的理性決定，毫無沽名釣譽之嫌，更沒有功成身退的意思。恰恰相反，她之學佛，就是對中國音樂界走不出世界的挑戰，她是想通過學佛，從佛音中領悟音樂的大智大慧。她這樣做，就是為明天闖世界積累本錢。」還有一篇文章則分析了時人揣測李娜出家的幾種原因：「一是對現實不滿，出家欲逃避生活中的困擾；二是婚戀失意，看透了兒女間的情短意長；……」

　　面對這種種評論，真讓人有一種無話可說的悲哀與無奈。不知道從什麼時候起，人們就將出家人與官場、情場失意，精神有問題，不忠不孝，別有用心，逃避責任與義務等等負面評論聯繫在一起。照這種觀點看來，

紅塵中的佛光

寺廟似乎是天下落難者的大本營；佛教就仿佛是麻醉人的悲觀劑，讓你在一種無可言說的絕望中，守著青燈古佛自欺欺人地度過一生。不想再做過多說明，謊言重複一千遍後也能搖身一變成為真理，偏見的誕生也情同此理，還是讓事實本身去發言吧。

就我個人而言，並不太了解李娜，只是聽別人說起過，她曾為一百六十多部影視劇配唱過二百多首歌，十年的歌唱生涯使她和無數的獎項連在一起，中國影視劇中幾乎一半叫響的歌都是由她首唱的。每每聽到這種介紹，我總在心底說：這些都有什麼用呢？是的，憑這些可以贏得無數的鮮花、掌聲、鈔票，不過，再有穿透力的聲音也刺不透無常、死亡的鐵幕。許多人唱了一輩子歌都不明白聲音的顯而無自性，他們將全部的心力都放在１２３４５６７這幾個音符上，以為那就是生命全部的秘密與歸宿。

所以才為李娜的出家從骨子裡叫好！

其實李娜出家之前的某些生活動向，已暗示了她未來的人生走向。有篇文章曾記敘道：出家前，李娜將戶口遷到了張家界，並在天門山山頂一塊有樹有水的「寶葫蘆」地造了幾間木屋。圖紙是她親自設計的，屋後還撥了一塊菜園地。小屋建成後，李娜天天纏著守林員漫山遍嶺挖野菜，什麼汁兒根、百合、石蔥、石蒜等等，她自己說，大自然給人類最真實的饋贈，她要返璞歸

藏密素食觀　附　紅塵中的佛光等

真，回到人的「本真」狀態……

　　在當今這個甚囂塵上的浮華世界中，捫心自問一下，有多少人敢放下已經到手或即將到手的一切物質享受，獨自一人跑到山頂去與日月星辰、山風朝露為伍呢？有些人可能會大言不慚地拍著胸脯說：「大隱隱於市。」正所謂心靜自然涼，何必要趕赴山野、親至懸崖，到別處去求得一個寧靜呢？此話初聽之下頗為有理，真實推究起來則根本經不起推敲。凡夫往往都倒果為因，還沒成大隱時就自以為是地「沒」於滾滾紅塵了。李娜想必清楚這一點，故而在最終割捨世間情緣之前，先有意無意地避開了濁浪沖天的人間繁華，跑到這鄉野小屋中把凡情俗慮過濾、滌蕩一番。這種獨赴寂靜地之舉，大約可算作她善根徹底甦醒之前的一次萌動吧。

　　還是聽聽李娜自己的聲音：「人有四種境界：一是衣食住行，那是人的原始階段；二是職業、仕途、名譽、地位；三是文化、藝術、哲學；四是宗教。只有進入第四種境界，人生才閃出亮點。」「1995年，我的兩個信奉佛教的朋友說我臉色不好，給了一本經書讓我念，我當時沒把這事放在心上，放了許多天沒去管它。幾個月後的一天，突然心血來潮，就拿出那本經書讀了起來，突然就有了一種茅塞頓開的感覺，於是就喜歡上了佛。與佛結緣使我深深體會到：人的命運真的會在瞬

間被改變！」「從頓悟的那一刻起，浸滿身心的就是興奮痛快的感覺，至今仍是如此。記得剛上五台山時，興頭高得不得了，就像小孩子找到了好玩的東西，捨不得放手。做早課時，看到有人打瞌睡，覺得簡直是大逆不道。後來由於高山反應，渾身浮腫，自己卻一點也沒有覺察，還是別人發現的，只因全部身心都已沉浸在佛經中。」「原來生活在物欲橫流的圈子裡，為名利拼搏，為金錢掙扎，現在則有了一種坐在岸上，看人在海中游泳的感覺。」「我喜歡清淨，沒有家庭和孩子，這樣好，我喜歡。實際上該嘗試的都嘗試過了，我擁有過愛情，談過戀愛，只是沒有結婚生子而已。我喜歡新的事物，接觸佛教才四年，還是個剛起步的孩子，唱歌還唱了十年呢！」「修行就是修心，要先度己才能度人，我覺得人要活得真實，活得善良，活得柔和。」「如果一個物理學家或是其他行業的什麼人轉而研究佛學，人們就不會感到奇怪，就因為我是歌手，大眾人物，就引得人們那麼關注。而我並不認為有什麼特別，我喜歡做就去做了，就這麼簡單。說起還俗，我沒有還俗的問題，我現在與俗就沒有什麼區別，實際上我人就在俗中，與別人沒有什麼太大的不同。」……

不用再引述更多的話語，一個基本已上道的出家人的形象，我想已經躍然紙上了。如果李娜是一個言行一致、表裡如一之人的話，那她最後所說的幾句話則表明

藏密素食觀 附 紅塵中的佛光等

她的實證功夫已達到了一定的層次。佛法的確不是什麼怪異、神通的大展台，佛法也絕不是拒人千里之外的清玄之談，佛法就是生活的智慧！在日常流動的生活長河中，處處都泛起佛法的漣漪，只不過有人意識不到，有人又太過搜奇覽勝而已。在一番實實在在的話語中，我們已約略體會得出李娜擁有的那顆平常心。無一法不是佛法，能將社會當成修道場；既不同流合污，又不顯山露水；既能自我修煉，又能無聲潤物；一方面隨順眾生，一方面又不捨初衷，這並不是一個凡夫所可能做到的。

有一張相片給我留下了很深的印象：照片中，李娜一身平整、輕便的僧衣，一雙布鞋，臉上一臉的平和，還有一絲淡淡的笑意。如果說言為心聲的話，儘管不聞其言只睹其形，但這形我想也會與她的心境頗相吻合吧。

红尘中的佛光

尤其讓人倍感鼓舞的是，李娜不僅自己走上了解脫之道，還將母親也度入了佛門。李娜自己說：「後來我就到了美國，然後把媽媽接來與我同住。第一年我們母女有很多磨擦，媽媽沒日沒夜地勸我還俗，但她說服不了我，我也說服不了她，我們常常抱在一起哭。再後來，媽媽漸漸地感受到我的變化，漸漸接受了我的選擇。現在我們生活得很好，媽媽每天念佛，跟我一起吃齋。最近我給人看廟，媽媽也跟我一起住在廟裡。」

世間有句俗話：「人正不怕影子斜。」謊言雖暫時可被偽裝成真理，但終究有一天，真理的灼灼慧日一定會驅散盡所有無明的雲霧，因它本身就具有不可戰勝的力量。同樣，選擇了追求光明之路的人們，儘管有可能一時不被眾人，包括父母親朋理解，但只要自己堅持正確的人生方向，同時又權巧方便，隨宜施設，這世上恐怕不會再有萬難轟破的堡壘。我們原本就在幹著正大光明的事業，有什麼理由不把周圍的人們最終也聚攏到自己的身邊呢？恰恰在這一點上，有很多修行人都將原先向正確方向邁出的一步又退縮了回來，僅僅因為親友的眼淚或者憤怒。

那麼你到底要什麼呢？是自他的終極解脫，還是你好、我好、大家好的遷就忍讓？李娜的行持應該說給了人們頗具意義的啟示。

說到這裡，我又想起了本人在《僅有借鑒與研究是不夠的》一文中所發的感慨：「榜樣的力量是無窮的，更何況為這種榜樣提供精神指導的是佛法。」的確，當年的弘一大師也正是憑藉自己遊刃有餘於世間文藝的卓越才華，後又勵力守持嚴格而又清淨的戒律之舉，才打動和影響了一大批人，特別是他周圍的原先同屬文藝圈的一些朋友。當大師的風範越來越多地被人傳揚、宣講之後，他的影響力就更是日漸深入而廣大。

希望李娜也能如大師那樣，將世間才藝之巔峰當作

藏密素食觀 附 紅塵中的佛光等

學佛的起點，向更崇高、更究竟的生命極至繼續邁進。也希望我的幾聲喝彩、小小文章能引來公眾對就存在於我們身邊的佛法的幾許感悟、幾束正視的目光。作為佛教徒，我們原本就應該將一切有可能導向善果之人、之事向社會廣而告知，這是我們不可推卸的責任與義務。

不知道李娜的未來會怎樣，但是我相信，矢志不移地走在佛道上，總有一天會迎來滿天炫目的佛光。

這個世界上幾乎人人都在進行種種的賭注，而人們的賭資則都是自己的生命，但生命屬於現世的個體只有一次。故而每個人都應該考慮考慮，我拿生命賭什麼呢？對李娜來說，她把此生，也把來生完全交付給了佛法，這種舉動隨著時間的推移，相信一定會贏得越來越多智者們的贊同。原本智者生存於世的目的就是發現並追尋真理，對賭博人生生起強烈厭離心的李娜，當她發心出家修持，並決心以佛法的終極智慧徹證宇宙人生的終極真理時，具智者對之所能做出的唯一反應便只有擊節讚賞。

像李娜這樣出家的演藝圈藝人尚有80年代以《霍元甲》而風靡內地及港台的演員黃元申，在成功地扮演了霍元甲後沒多久，他就上了九華山出家修道去了。還有「佳視」前節目主持人廖鳳明看破紅塵，削髮為尼；「無線」藝員莊文清、倫志文等人相繼削髮步入佛門；《水滸》武打設計的導演袁和平的弟弟袁振洋，曾做過

紅塵中的佛光

演員和武術指導，他也出家做了和尚……

最容易滋生貪欲、腐朽、墮落的演藝圈，很可能會讓一些具善根的智者，反而因此更能看透人性的本質。因為在文藝舞台這個大戲場上，所有人生的悲歡離合、世事的變遷滄桑、古今人性的美醜大戰，都可以在舞台上得到最集中、鮮明、濃縮的展示。是沉進去拔不出來，還是游上岸冷眼觀望，這就全在個人自己的掌控把握了。

更多的皈依佛門的明星們，他們對佛教的了解並非達到如李娜那樣的理解層次，不過這並不重要。重要的是，他們也同樣以種種因緣而開始在複雜、混亂、讓人眼花繚亂的娛樂現場意識到了某種內在的精神歸家的渴望。

二、諸多明星結佛緣

明星們與佛教的因緣各不相同，但不論他們以什麼樣的方式與佛法結緣，最終都能從佛法中獲益良多。

對電影發燒友來說，基奴．里維斯的大名可謂如雷貫耳，他是當今好萊塢影星中最受人歡迎的青春偶像之一。我本人也曾看過他演的《小活佛》，至於他出任主角的《黑客帝國》一片，更是被許多佛教徒當作西方文化人試圖讀解中陰奧秘的經典。記得在看《小活佛》

藏密素食觀　附　紅塵中的佛光等

時，基奴.里維斯那種在西方影星中非常罕見的純淨和質樸的品性就深深打動了我，以至到現在我還能時常回憶起他那雙清澈而透明的眼睛。後來在看一些資料時才得知，當初為演好這一角色，他曾潛心研究過佛教書籍，並自此與佛教結下了不解的緣分。

《妙法蓮華經》中這樣講過：「若人散亂心，入於塔廟中，一稱南無佛，皆共成佛道。」此偈充分說明了十方諸佛的悲心切切與佛法萬千法門的浩大無邊，它明確告訴我們，不論何人於何時何地以何種方式與佛法結下何種緣分，都會在自己的心相續中種下未來獲得解脫的種子，此種善根在虛空有盡之前將永不會空耗。而基奴.里維斯並不是以散亂心對待自己要扮演的悉達多王子，因而這種與佛教的深度碰撞將給他帶來更有價值的正面影響。

近幾年來，里維斯似乎時運不濟，先是前女友不幸流產後又遇車禍身亡，接著又連續喪失數位親友，包括自己的妹妹，他本人也遇上交通意外險些喪命。對一個從不曾思考過生死本質的人來說，這一連串的打擊很可能會讓他徹底消沉下去，或者對所謂的命運更加誠惶誠恐，但我想里維斯不會這樣。在《小活佛》中，王子正是因為親眼目睹了生老病死的真實景況，才對王宮富麗堂皇的生活生起了強烈的厭離之意。因他突然間就明白了一個原本十分淺顯，但卻被那麼多人有意無意忽略掉

紅塵中的佛光

的事實：生命從本質上講根本就是虛幻不實並且脆弱無常的。扮演過王子的里維斯想必對這一點不會感到太過陌生，對他而言，生死變遷的體驗只不過是從銀幕上轉移到了現實生活中而已，而一個真有智慧的人又怎麼可能對發生在身邊的人生悲劇無動於衷！

演員生涯與周遭事變讓里維斯開始對人生做出深刻反省，因而當聽說在拍攝《黑客帝國》續集的片場，他經常都在獨自誦讀佛經時，我一點也不感到驚訝。相信對他來說，佛經、佛教已不僅僅是一種慰藉了。

如果說里維斯是以一次拍片經歷而與佛教握手的話，中國著名演員張國立的皈依佛門則可上溯至他的幼年甚至娘胎時期。這期間所經過的漫長而複雜的經歷，恐怕只有他本人才最有資格評述。那些只看到他飾演的這個皇帝、那個財神的觀眾，可能並不清楚他們眼目中這位風光一時的明星的心路歷程。

張國立自己表示，他很早就信佛，奶奶、媽媽說他打從娘胎時起就與佛有緣。他的妻子鄧婕對他最終皈依台灣聖嚴法師一點也沒感到有多麼不可思議，她對此解釋道：「我知道他遲早會走到這一步，他的母親就是一個虔誠的佛教徒，他自己從小就耳濡目染，一直對佛教很有感覺。進入演藝圈後，張國立更是把佛教的教義作為自己為人處世的原則。圈裡面信佛的人太多了，這對他也有一定的影響。」

藏密素食觀　附　紅塵中的佛光等

儘管張國立很早就與佛有著甚深的因緣，但人生歷來多變故，所以一直到最近，他才正式踏入佛門。佛法告訴我們，人的生命只在朝夕之間，甚至是上下氣之間。得到人身不用來修行，這樣的浪費可能是最大的犯罪了，因你正在把自己拖向輪迴的深淵。從小與佛的那點緣分，再加多年來在演藝圈摸爬滾打的經驗，終於催生了張國立蟄伏已久的善根，剩下的事便是善自護持了。

　　其實有很多人都與佛教有著這樣那樣的因緣，有很多人都以種種方式與佛法碰過面。但太過強大的物質主義理論氛圍，再加物欲橫流的社會現實，使得許多人自覺或不自覺地又退回到原先的生活軌道中去，再次圍於對佛法的成見、偏見與無知的認知方式中。非常珍貴的解脫苗芽就此夭折，慣性而愚癡的生存軌跡只能與佛法的智慧之光擦肩而過。好在張國立總算在一片康熙皇帝的吆五喝六的八面威風中，找到了應屬於自己的定位，這一點並非易事。但對一個真正的聰明人來說，他應該能把握住自己以及歷史的大致本質。沉迷於清廷糾葛的觀眾們想必多少還都能認清一個基本的事實：歷史上的乾隆、康熙早已不知魂歸何處了，一個演員若真把自己當成了康熙再來，也未免有些人戲不分、大白天說夢話的味道。但很可惜，許多演員至今仍生活在虛幻之中。不過話又說回來，就大多數凡夫而言，又有幾人能辨認

紅塵中的佛光

得出所謂現實、所謂非為歷史而是當下活生生的現實的虛幻本質呢？

總有一天我們也會成為後人眼中的歷史，那時他們也可能以新的文藝、傳媒、通訊等方式，把我們的故事也編排、敘述一番，只是那時這些事情對我們來說還有絲毫意義嗎？但我們現在偏偏就要為了一個虛妄不實的將來而絞盡腦汁。可笑的是，那時也會有一大批演員粉墨登場，而且同樣是在樂此不疲地幹著現在的人們正幹著的相同的事。真是你方唱罷我又登場，亂哄哄不知何處是故鄉。

在皈依聖嚴法師時，他從法師那裡請得一套《禪修菁華集》，並表示說，這其中的《入門》、《觀念》兩本書他以前就已看過，至於《法脈》、《公案》、《話頭》、《默照》、《五停心》、《四念處》、《活用》等內容，他會好好用功深研的。

希望如此，希望這個法名叫「常升」的佛教徒，能恆常觀照自己以及宇宙的本性，並不斷提升自他的生存品質。

張國立抓住了自己與佛教宿世之間的緣分，靠著這根能讓他回歸本性的臍帶，希冀著他能在學佛的大道上勇往直前。同樣也希望他的影迷們能從迷失自我的怪圈中找到突圍的方向，看看能不能也跟他們心目中的偶像一樣，共同邁進佛法的殿堂。

藏密素食觀 附 紅塵中的佛光等

熟悉電影史的讀者可能還記得一個女演員的名字
——楊惠珊，十幾年前，她是台灣當時最紅的一代影
后，曾兩度榮獲金馬獎最佳女演員獎，大約拍了一百多
部電影。不過這些輝煌已在十多年前被她自己終結，在
事業如日中天的當口，她離開了花花綠綠的電影圈，一
頭扎進了對當時的大多數人來說還頗顯陌生的「琉璃工
藝」這一新天地。誰知道這一次轉向竟徹底扭轉了她的
人生方向，因她塑造而出的第一件作品就是佛像。用楊
惠珊自己的話來說，也許正是在塑造佛像的過程中，紛
亂的心緒才得以平息，她有一天突然意識到，如能一生
都從事如此潔淨的工作，這就是自己今生最好的修持與
生存方式。剎那間，前塵往事都如過眼雲煙一般從心底
滾滾流過，她終於醒悟到什麼才是這一生應該努力的方
向。

這種感覺在她1996年第一次朝禮了敦煌後變得更加
明顯了，楊惠珊雖是第一次到敦煌，但卻有一種非常熟
悉的感覺，就好像這些佛像、飛天、佛教故事日日都與
自己朝夕相伴一樣。無數的佛菩薩一起以排山倒海般的
氣勢向她湧來，在佛法的浩大與個人的渺小之間，楊惠
珊切身感受到什麼是無邊無際、無垠無涯的大慈大悲。
當時的景致與感受甚至讓她喜極而泣，從此她就更深入
到對佛理的鑽研之中。

現在的楊惠珊早已學會了寬容，這都應該歸功於敦

紅塵中的佛光

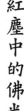

煌的佛教文化帶給她的啟示。她說：「人應該學會站在別人的立場上去看事情，對別人的所作所為都應以寬容之心對待，這樣自己也能活得更快樂。」有一篇報道的結尾這樣寫到：「楊惠珊最先製作的琉璃製品是佛像，許是在佛教藝術中沉浸久了，她的臉亦呈現出一種佛相，靜靜的，柔柔的。她喜歡穿袈裟式樣的衣服，胸前掛著長長的佛珠，吃飯前，她靜靜地默禱。」

　　把文中的「許是」換成「因為」可能會更合適。楊惠珊不僅從佛教中吸取了慈悲、寬容的人生觀，同時也應該把佛法賦予她的豁達心境表現於外，因佛法一直都在強調境由心生，正所謂萬法由心造，對一個以佛法調御內心的人來說，心靈的博大與謙和當然會表現在外在的形象上。世間愛美之士往往並不通達獲致美麗的究竟途徑，他們經常使用種種人為的化學、生物等方法，花費巨大的金錢、時間拼命想保留住日漸消逝的青春。所以我們才會常常看到一些七老八十的老太太，用了五顏六色的油漆般的「塗料」，畫在自己的臉上昂首走在大街上的情景。美應該是內化的，一顆善良的心、包容的心、善待他人的心、能容得下天地萬物的心、知道禮義廉恥的心才真正是讓人永葆美麗的正因。千萬不要小瞧了心的力量，它實在可以改變一個人從內到外的一切。

　　從內心發出的充滿慈愛與智慧的微笑將是陽光底下最燦爛的花朵，它既可以感染自己也可以打動別人。

藏密素食觀　附　紅塵中的佛光等

三、善心催發出的妙音

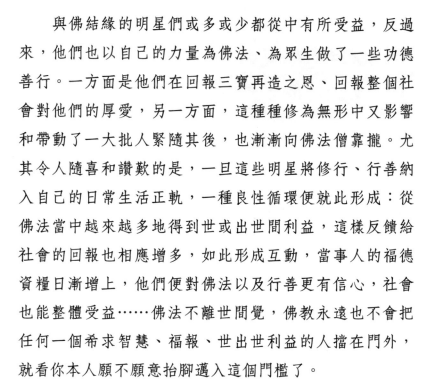

與佛結緣的明星們或多或少都從中有所受益，反過來，他們也以自己的力量為佛法、為眾生做了一些功德善行。一方面是他們在回報三寶再造之恩、回報整個社會對他們的厚愛，另一方面，這種種修為無形中又影響和帶動了一大批人緊隨其後，也漸漸向佛法僧靠攏。尤其令人隨喜和讚歎的是，一旦這些明星將修行、行善納入自己的日常生活正軌，一種良性循環便就此形成：從佛法當中越來越多地得到世或出世間利益，這樣反饋給社會的回報也相應增多，如此形成互動，當事人的福德資糧日漸增上，他們便對佛法以及行善更有信心，社會也能整體受益……佛法不離世間覺，佛教永遠也不會把任何一個希求智慧、福報、世出世利益的人擋在門外，就看你本人願不願意抬腳邁入這個門檻了。

一直在香港樂壇獨領風騷的王菲，以前就曾捐過數百萬善款用以興建廟宇，近一兩年來，她更是對佛教事業出力甚巨，以錄製CD、錄音帶等方式向社會廣為宣傳佛教教理，以期喚醒眾人的良知。為幫助在佛教發源地的印度建造一尊世界上最大的彌勒佛像，她與師父索巴仁波切共同錄製了一張梵文音樂專輯《悲智雙運》以為籌款之用。

紅塵中的佛光

當問到參與這項公益專輯的動機時，她表示說：「坦白說我平常也不太聽佛經，不過自從接觸過後，覺得有些道理聽起來很舒服，所以我想讓更多的人受惠。這張唱片是由上師念經，我唱和音，另一首《彌勒佛心咒》是我獨唱，所有收益都會捐作與建彌勒佛計劃的慈善用途，大家不妨也聽聽，可以慢慢了解。」

其實說到底，可以慢慢了解佛法的不僅僅是王菲的歌迷，她本人想來也會通過各種途徑慢慢了解到佛法真義。不知王菲未來的星途會怎樣，也不知道以後還會不會爆出她個人生活方面的種種「新聞」，但我想，既然人人都有佛性，而且王菲本人的佛性業已通過與佛法的接觸被悄悄催生，她的各種善行就是對此所做的最好注腳，那麼我們完全就有理由相信，這些功不唐捐的善法一方面會給她本人帶來永不會虛耗的功德利益，一方面也會對社會人心的改良起到積極的推進作用。還有一點也不容忽視，這些善行在潛移默化中終會成為一種無形的使其增上智慧的資糧，也許有一天，這位歌星會如水到渠成一般，從行善過渡到求法的終極目標上來。

還是那句話，利他其實就是自利，有了佛法這個催化劑，一切善行都可被激發出無比的力量——改造自己的，利益他人的，全社會也會因之而受到恩澤。

不唯王菲一人在為佛教事業獻出自己的聲音，台灣前著名歌星孟庭葦也在為佛法「開口」效力。2001年即

已宣布退出流行歌壇的孟庭葦，抱著用歌聲幫助更多的人求取心靈安寧、諧和的目的，於當年11月份終於推出了她的首張個人佛教音樂專輯——《阿彌陀佛》。可能熟悉這位台灣藝人的歌迷都知道，自從90年代初她推出了第一張個人專輯後，這位生性恬淡的歌手便一直在紛繁繚亂的娛樂圈中保持低調姿態，她所詠歎的歌也一如其人，在舒緩、優雅的樂音中，一種寵辱不驚的心態隱約傳來。

這樣的人似乎不太適合待在演藝界，而孟庭葦本人也曾表示過，當初剛要推出《第二道彩虹》這張專輯的時候，她就已經意識到了這個問題。她自己說她是一個「清教徒」，娛樂性相當低，讓企劃根本無法著力。當終於有一天，因緣際會，她與佛法發生碰撞之後，退出歌壇的想法便一天天增盛起來。奈何凡人生存於濁世之中，難免會受到各種各樣讓人無可奈何、卻之不得的羈絆，就這樣，孟庭葦在機緣不備、責任未了的困境中又晃過去了幾年。直到好友及哥哥因車禍相繼離世，她才真正在自己的周圍、在自己的親人身上、在日日必須面對的平凡生活中，深刻感受到了生命的無常與脆弱。頗具善根的她當即向菩薩發願，決心要利用自己的聲音做自己認為最應該做的事——潛心研究佛教並積極投身公益活動，發行這張《阿彌陀佛》就是她初發心後的第一個舉措。

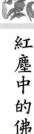

紅塵中的佛光

現在的她坦言說：「我現在是自由業，收入很微薄，生活也很簡單。貪嗔癡是人生煩惱的根源，只要領悟到這個道理，就可以活得很快樂。」

從絢爛歸於平淡，在寧靜的阿彌陀佛佛號聲中，一顆已感受到佛陀悲智情懷的心靈，正在用全部的身心向我們講述一個回復心性家園的故事。

這樣的故事還有很多，比如投身歌壇後所推出的第一章專輯便是佛曲匯集——《燃燈之歌》的歌手黎勝平，他所秉持的心願同樣是為佛教多多貢獻自己的力量。這張以非流行音樂之創作打入市場的專輯，收錄了十首歌曲，黎勝平希望借著音樂和他的歌聲，為灰心的人唱出希望和理想，並能撫慰失落、彷徨的心靈，增加他們的信心。

談起錄製這張專輯，他說不論是唱佛曲還是皈依佛門都是很隨緣的事，從少年時代起，他就熱愛唱歌，但中學畢業後，孝順的他卻遵照父親的意願繼續修讀了一些別的課程。某次父親臥病在床，愛父心切的他遂臨時抱佛腳，非常虔誠地在病床前誦念佛經。當父親的病好後，他自然而然就與佛教結下了殊勝的緣分。為了感恩，黎勝平出道後的第一張唱片就選擇了佛曲。

人生路漫漫，佛曲情悠悠。每一隻佛曲，其間跳動著的都是佛陀的無盡祝福；每一個音符，其間躍動著的都是三寶的廣大祝願。演藝界的佛弟子們在用聲音、形

象等各種手段演繹鋪陳佛法的同時，一片感恩的氛圍自然洋溢在我們的生活空間；一種暖人的氣息不覺迎面撲來；更重要的是，很多人的善根可能已在佛日的沐浴下，不知不覺地萌生。

四、莫待髮白方覓真理

紅塵中的佛光

　　說了許多紅塵中的佛光閃耀之處，但無庸諱言的是，演藝圈中的學佛景觀並非一片光明燦爛。客觀地說，就我們目前的現量觀察所見，很多明星們的學佛之舉依然脫離不了盲目、尋求精神安慰與點綴，或者單純求福報的心態。當然了，用打破生死牢關、誓求究竟解脫的目標來要求所有的演員歌星等人，並用以規範他們的學佛行動，是根本不切合實際，也完全不可行的一種愚蠢做法，它本身就不符合佛法的因緣觀。我們只是希望能有更多的明星，當然還有最廣大的普通民眾，如果已經與佛法有了一面之緣，那就千萬別錯過良機，只把佛法當成如財神爺一般的偶像頂禮膜拜，更不要錯解佛法，走了彎路還自認為是在學佛。如果自己尚未接觸佛法，那就盡量用自己的心、腦、眼、身，親自去體會、思索、觀察、實踐，如此方能對佛法真正有所領會。

　　曾經看過一則報道，說的是一名演員打算在50歲以後出家做和尚，他自己公開宣揚說：「以前曾試過出家

七天，做過七日和尚。但覺得實在沒有時間去學佛，所以在50歲後，那時已經成家立業，沒有牽掛，可以出家一、兩年，專心學佛……但絕對不會一生出家做和尚，因為學到這麼多知識，絕對要回饋社會。」

這則新聞的確令人感慨萬千，也因此更令人感到李娜出家的難能可貴。不想對之做過多破析，只想問問這位演員，以及很多與他想法相同的人士這麼幾個問題：假如我們活不過下一剎那，那麼現在的時間你準備用它來幹什麼？還要繼續假戲真做嗎？現在都放不下，那麼50歲之後，你就能保證自己會大徹大悟嗎？出家做和尚難道不屬於回饋社會？當代表了一個社會精神文明最高峰的出家僧侶們都放棄自己的追求，也紛紛營求起世間八法、投身到物質文明的滾滾洪流中後，我們完全可以說一個社會的脊梁就此決定轟然坍塌！回饋社會的最好方式到底是什麼？是佛法的智慧與慈悲，抑或世間的知識與物欲？佛法如果不能徹底融入自己的心相續，那所謂的行者又與把佛經僅僅充作藏書者何異？

解脫是自己的事，它完全取決於你個人的努力與行動。同樣，紅塵中的佛光並非遍照每一個身處紅塵中的人們，接受不接受佛光也全看個人的因緣與選擇。但畢竟，這線光明已經讓一些疲倦不堪的心靈開始找到歸家的方向；他們揚帆起航的身影也深深吸引住了岸上駐足、觀望者的目光。沒有更多的言語，只是默默地在心

裡為這些出離名利場的人們深深祝福：

已經見到了太陽的光明，那就把黑夜遠遠地甩在身後吧！

還有一些明星們的學佛經歷，此處恐繁不述。總之，願以此篇短文誠摯希望一切沉睡在輕歌曼舞之迷夢中的人們，都能盡快甦醒並認清未來要走的人生方向！

重校於公元二〇〇七年四月二十三日

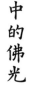

紅塵中的佛光

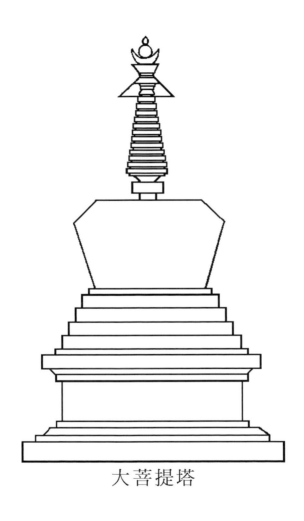

大菩提塔